알기쉽고 재미있는

쏙쏙 일본어 교실 Step2

유상용 · 조혜숙

제이앤씨
Publishing Corporation

매스 미디어, 인터넷 등의 발달로 우리는 일본에 관련된 무한한 정보의 홍수 속에서 살아가고 있습니다. 무한한 정보 중에서 자신에게 유용한 정보를 선별하고 활용하는 것이 가장 중요하다는 것은 말할 필요도 없을 것입니다. 일본에 관한 정확한 정보를 수집하고 이를 재빠르게 활용하기 위한 가장 좋은 방법은 일본어를 습득하는 것이라 할 수 있습니다.

　　잘 알려져 있는 바와 같이 일본어는 한국어와 어순이 동일하고 같은 한자문화권에 속하는 언어이기 때문에 한국인이 습득하기 쉬운 외국어입니다. 하지만, 이러한 사실은 일본어 학습에 있어서 장애요인이 되기도 합니다. 예를 들면, 일본어는 쉽게 습득할 수 있는 외국어라는 생각에서 2-3개월 안에 기초회화와 문법을 마스터하겠다는 무리한 계획을 세운다거나, 한자교육이 축소된 중·고등교육과정을 이수한 학습자가 한자습득을 소홀히 하여 중도에 포기하는 경우를 많이 보아 왔습니다. 따라서 일본어를 마스터하기 위해서는 다른 외국어와 같이 충분한 학습시간과 노력을 아끼지 말아야 할 것입니다.

　　이에 6개월에서 1년 안에 기초회화와 문법을 마스터할 것을 목표로 이 책을 구성하였습니다. 각 과마다 기본회화에서는 구체적인 장면을 설정하여 초급에서 알아야 할 생활회화 구문을 제시하였으며, 문형연습에서는 중요 문형을 어떻게 응용할 수 있는지 그 예를 들어 두었습니다. 문법 설명에서는 기본회화와 문형연습에서 다룬 일본어 구문에 관한 기초문법을 설명하였으며, 일본어 구문과 기초문법에 관한 학습 정도를 점검할 수 있도록 연습문제를 실었습니다. 또한 각 과마다 새롭게 나오는 단어는 기본회화, 문형연습, 문법설명 아래 부분에 정리해 두었고 문법사항에서는 심화학습을 할 수 있도록 문법설명 코너에서 다루지 못한 문법 내용을 중심으로 문법설명을 상술하였습니다.

　　이 책에서 다루는 문형 및 단어들은 모두 일본어 능력시험 3, 4급에 해당하는 수준입니다. 기초회화와 문법을 마스터하고자 하는 학습자는 물론이며 능력시험을 준비하려고 하는 학습자에게도 이 책은 큰 도움이 되리라 생각합니다. 아무쪼록 이 책과 함께 즐거운 일본어 학습을 할 수 있게 되기를 바랍니다.

　　마지막으로 바쁘신 가운데에서도 일본어표현에 많은 조언을 아끼지 않으신 울산과학대학 관광통역과 키타노 유카(北野由佳)교수님, 번거로운 교정작업을 도와준 단국대학교 대학원 손진희씨에게 감사의 인사를 전합니다.

저자

목 차 알기쉽고 재미있는 쏙쏙 일본어 교실 Step2

【머리말】
【문법 설명에서 사용한 기호표】

문법 설명에서 사용한 기호표

명사

N	명 사
N ダ형	명사에 「ダ」가 접속한 형태. 「学生」 ⇨ 「学生ダ」
N タ형	명사의 과거형 「学生」 ⇨ 「学生ダッタ」

동사

V	동 사
V 원형	동사원형(사전형)
V ナイ형	동사의 부정형어간 「書く」 ⇨ 「書かない」의 「書か」 「起きる」 ⇨ 「起きない」의 「起き」 「する」 ⇨ 「しない」의 「し」 「来る」 ⇨ 「こない」의 「こ」
V マス형	동사의 マス형 「書く」 ⇨ 「書きます」의 「書き」 「起きる」 ⇨ 「起きます」의 「起き」 「する」 ⇨ 「します」의 「し」 「来る」 ⇨ 「きます」의 「き」
V テ형	동사가 「テ」와 접속할 때의 형태 「書く」 ⇨ 「書いて」의 「書い」 「起きる」 ⇨ 「起きて」의 「起き」 「する」 ⇨ 「して」의 「し」 「来る」 ⇨ 「きて」의 「き」
V タ형	동사의 과거형 (접속 「V テ형」과 동일)

V사역형	동사의 사역형태		
	「書く」	⇨	「書かせる」
	「起きる」	⇨	「起きさせる」
	「する」	⇨	「させる」
	「来る」	⇨	「こさせる」

형용사

A	형용사
A원형	형용사(イ형용사)의 원형(사전형)
A어간	형용사어간
Aタ형	형용사의 과거형 「赤い」　⇨　「赤かった」
Aナイ형	형용사 부정형어간 「赤い」　⇨　「赤くない」의「赤く」

형용동사

Na	형용동사(ナ형용사)
Na원형	형용동사원형
Na어간	형용동사의 어간 「静かだ」　⇨　「静かだ」의「静か」
Naタ형	형용동사과거형 「静かだ」　⇨　「静かだった」
Naナ형	형용동사에 명사가 접속하는 형태 「静かだ」　⇨　「静な人」의「静な」

chapter 15 家で勉強しています。

🎧 기본회화

金　林さん、こんにちは。

林　ああ、金さん。こんにちは。

金　今、何をしていますか。

林　村上春樹の小説を読んでいます。

金　そうですか。日本の小説は漢字が多くて読みにくいですが、村上春樹の
　　小説は難しくありませんか。

林　いいえ、それほどではありません。

金　あっ、そうだ。明日、英語のテストがありますが、テストの準備はもう
　　終わりましたか。

林 英語は毎日少しずつ家で勉強していますので、大丈夫だと思います。

金 うらやましいですね。私はこれからですが・・・。

ところで、来週、美術館へ見学に行きますが、知っていますか。

林 いいえ、美術館の見学ですか。いつですか。

金 9月2日金曜日です。詳しい見学のスケジュールは掲示板に書いてあります。

林 そうですか。確認してみます。

新しい単語

小説(しょうせつ) 소설	日本(にほん) 일본
漢字(かんじ) 한자	難(むずか)しい 어렵다
明日(あした) 내일	英語(えいご) 영어
テスト 테스트	準備(じゅんび) 준비
終(お)わる 끝나다	少(すこ)し 조금
大丈夫(だいじょうぶ)だ 걱정 없다, 괜찮다	来週(らいしゅう) 다음 주
思(おも)う 생각하다	美術館(びじゅつかん) 미술관
見学(けんがく) 견학	知(し)る 알다
詳(くわ)しい 상세하다, 자세하다	掲示板(けいじばん) 게시판
書(か)く 쓰다	確認(かくにん)する 확인하다
それほど ユ 정도	

1 ～ている

5단동사	今、手紙を	書いて		
	山本さんは	泳いで		
	木村さんと	話して		
	友人を	待って		
	子供は	遊んで	います。
	お酒を	飲んで		
1단동사	山田さんと映画を	見て		
	お寿司を	食べて		
변격동사	英語の勉強を	して		

2 ～にくい

この漢字は	書き		
今の説明は	分かり		
この薬は	飲み	にくいです。
このパンは固くて	食べ	
日本語は	発音し	

3 ～と思う

今日は雪が降る	
金さんは今回来る	
この本は難しい	と思います。
ここに荷物を置かないほうがいい	

4 ～てみる

みどり寿司という店に行って	みたいです。
甘栗を食べて	
金さんの意見も聞いて	みます。
あの事実について確認して	

新しい単語

紙(てがみ) 편지	友人(ゆうじん) 친구	寿司(すし) 초밥
固(かた)い 단단하다, 딱딱하다	発音(はつおん) 발음	荷物(にもつ) 짐
甘栗(あまぐり) 맛밤, 군밤	意見(いけん) 의견	

 **문법설명**

1 ~にくい ~하기 어렵다.

접속형태 : Vマス형＋にくい

「~にくい」는 우리말의 '~하기 어렵다' '~하기 거북하다' '~할 수 없다'에 해당하는 접미어이다. 「~にくい」는 Vマス형에 접속하여 형용사로 만드는 기능이 있다. 「~にくい」와 반대되는 표현으로 「~やすい」(~하기 쉽다)가 있다.

> 例 漢字は読みにくい。　　　　한자는 읽기 어렵다.
> 　　日本酒は飲みにくい。　　　일본 술은 마시기 어렵다.

2 ~ずつ ~씩

수량을 나타내는 말에 접속하여 우리말의 '~씩'의 의미를 나타낸다.

> 例 紙を1枚ずつ配ってください。　　종이를 한 장씩 돌려주세요.
> 　　本を1冊ずつ用意しました。　　　책을 한 권씩 준비했습니다.
> 　　牛乳は毎日一本ずつ飲みます。　　우유는 매일 한 병씩 마십니다.
> 　　英語は毎日少しずつ勉強しています。　영어공부는 매일 조금씩 하고 있습니다.

3 ~ので ~때문에

「ので」는 접속조사로서 우리말의 '~ 때문에' '~이므로' 등의 의미를 나타낸다. 인과관계를 객관적으로 표현할 때 사용한다. 일반적으로 「ので」는 '객관적인 설명'을 「から」는 '이유를 강조'할 때 사용한다.

> 例 交通事故があったので遅れました。
> 　　교통사고가 났기 때문에 늦었습니다.
> 　　勉強をしなかったので日本語能力試験に合格できませんでした。
> 　　공부를 안 했기 때문에 일본어능력시험에 합격할 수 없었습니다.

4 | ~と思う ~라고 생각한다

「~と思う」는 우리말의 '~라고 생각한다'에 해당하는 문형이며, 어떠한 사항이 화자의 개인적인 판단이나 주관적인 의견에 따라 행해진 것을 의미한다.

> **例** 今日の昼食はハンバーガーだと思います。
> 오늘의 점심은 햄버거라고 생각합니다.
> 明日は雪が降ると思います。
> 내일은 눈이 올 것이라고 생각합니다.
> タバコは吸わないほうがいいと思います。
> 담배는 피지 않는 편이 좋다고 생각합니다.
> あの人には会わないほうがいいと思います。
> 그 사람은 만나지 않는 편이 좋다고 생각합니다.

5 | ~てみる ~해 보다

접속형태 : V_{テ형} ＋ てみる

「~てみる」는 동사에 접속하여 보조동사적으로 쓰이는 용법으로 우리말의 '~해 보다' 의 의미를 나타낸다.

보조동사적용법으로 쓰이는 「~てみる」의 「みる」는 ひらがな로 표기하는 것이 일반적 이다.

> **例** 昨日の件に関して確認してみます。　어제 건에 관해 확인해 보겠습니다.
> スケジュールを調べてみます。　　　스케줄을 조사해 보겠습니다.
> 期末テストの日程を聞いてみます。　기말시험 일정을 물어 보겠습니다.

新しい単語

紙(かみ) 종이	枚(まい) 장	配(くば)る 나누어주다
交通事故(こうつうじこ) 교통사고	能力試験(のうりょくしけん) 능력시험	
合格(ごうかく) 합격	吸(す)う 피우다	件(けん) 건
調(しら)べる 조사하다	日程(にってい) 일정	

연습문제

✎**1** 보기와 같이 주어진 동사를 괄호 안에 알맞은 형태로 넣으시오.

> 보기 林：今、何をしていますか。
> 　　金：本を(読んで)います。　＜読む＞

何をしていますか。

❶ 英語の勉強を(　　　　　　　)います。　　　＜する＞

❷ 音楽を(　　　　　　　)います。　　　＜聞く＞

❸ 日本酒を(　　　　　　　)います。　　　＜飲む＞

❹ 新聞を(　　　　　　　)います。　　　＜読む＞

❺ 部屋の掃除を(　　　　　　　)います。　　　＜する＞

❻ ハンバーガーを(　　　　　　　)います。　　　＜食べる＞

❼ 友達を(　　　　　　　)います。　　　＜待つ＞

❽ レポートを(　　　　　　　)います。　　　＜書く＞

❾ インターネットで(　　　　　　　)います。　　　＜検索する＞

❿ 先生と(　　　　　　　)います。　　　＜話す＞

✎**2** 보기와 같이 주어진 단어를 괄호 안에 알맞은 형태로 넣으시오.

> 보기 日本の小説は(読み)にくいですが、村上春樹の小説は(難しく)ありません。
> 　　　　　　　　　　　　　　　　　　　　　　　＜読む＞＜難しい＞

❶ 日本酒は(　　　　)にくいですが、焼酎は(　　　　)ありません。

＜飲む＞＜飲みにくい＞

❷ 漢字は(　　　　)にくいですが、日本語は(　　　　)ありません。

＜覚える＞＜難しい＞

❸ カメは(　　　　)にくいですが、ヘビほど(　　　　)ありません。

＜さわる＞＜怖い＞

❹ この時計は(　　　)にくいですが、デザインが(　　　)です。

＜見る＞＜いい＞

❺ あの人は見た目は冷たくて(　　　　　　)にくいですが、

親しくなったら(　　　　　)です。　　　　＜親しくなる＞＜優しい＞

🖉3 다음 문장을 일본어로 작문하시오.

❶ 일본소설을 읽고 있습니다.

➡

❷ 테스트는 내일 끝납니다.

➡

❸ 일본어는 쓰기 어렵습니다.

➡

❹ 견학 스케줄은 게시판에 써 있습니다.

➡

❺ 확인해 보겠습니다.

➡

✎4 다음 문장을 듣고 빈칸을 알맞게 채우시오.

金　今、何をしていますか。

朴　村上春樹の小説を(❶　　　　　　　　　　　)。

金　そうですか。日本の小説は漢字が多くて(❷　　　　　　　　)ですが、

村上春樹の小説は難しくありませんか。

朴　いいえ、それほどでもありません。

金　あっ、そうだ。明日、英語のテストがありますが、

テストの(❸　　　　　　) はもう終わりましたか。

朴　英語は毎日(❹　　　　　　　)家で勉強していますので、

大丈夫(❺　　　　　　　　　)。

金　うらやましいですね。私はこれからですが…。

ところで、来週、美術館へ見学に行きますが、(❻　　　　　　　　)か。

朴　いいえ、美術館の見学ですか。いつですか。

金　9月2日金曜日です。

詳しい見学のスケジュールは掲示板に(❼　　　　　　　　　)。

朴　そうですか。確認してみます。

Grammar Point

움직임을 나타내는 동사
상태를 나타내는 동사

일본어의 동사를 움직임을 나타내는 동사와 상태를 나타내는 동사로 나누고, 접속에 따른 의미의 차이에 관해 설명하기로 한다.

상태를 나타내는 동사에는 「い(居)る, ある, できる」와 같은 동사가 있다. 「ある」와 「いる」는 존재를 나타내며, 「できる」는 가능의 뜻을 가진다.
움직임을 나타내는 동사는 그 동작이 계속적으로 일어나는가? 순간적으로 일어나는가? 에 따라서 계속 동사와 순간 동사로 나눌 수 있다.

계속적 개념을 나타내는 동사 : 読む・書く・食べる・働く・遊ぶ・望む 등
순간적 개념을 나타내는 동사 : 開く・落ちる・倒れる・知る・立つ・着る・かつぐ 등

· 「～ている」의 의미

(1) 진행의 상태

学生たちは今勉強しています。 학생들은 지금 공부하고 있습니다.

(2) 결과의 상태

皆は試験の結果を知っています。 모두 시험 결과를 알고 있습니다.

(3) 원래부터의 상태

金さんはお父さんに似ている。 김씨는 아버지를 닮았다.

(4) 경험

彼は世界大会で優勝している。 그는 세계대회에서 우승했다.

(5) 반복

わたしは毎日牛乳を飲んでいる。 나는 매일 우유를 마시고 있다.

주의해야 할 것은 「～ている」가 계속 동사에 접속하는지, 순간 동사에 접속하는지에 따라 의미가 달라진다는 사실이다.

· 계속 山本さんは本を<u>読んでいます</u>。 야마모토씨는 책을 읽고 있습니다.
· 순간 落ち葉が<u>落ちています</u>。 낙엽이 떨어져 있습니다.

· 「～ている」와 「～てある」

「～ている」는 자동사와 타동사가 다 접속할 수 있다. 그러나 「～てある」는 타동사만이 접속가능하다. 일반적으로 「자동사＋ている」와 「타동사＋てある」는 유사한 의미를 가지고 있지만 아래의 예문과 같이 「자동사＋ている」는 단순결과의 상태만을 나타내는 반면 「타동사＋てある」는 그 상태가 무엇인가의 의도에 의해 이루어진 것을 말한다.

窓が開いている。 단순한 결과의 상태
(あ！見て)窓が開けてある。 누군가에 의해 문이 열려있는 상태를 이야기한다.

MEMO

博物館の中で写真を撮ってもいいですか。

🎧 기본회화

(博物館のチケット売り場で)

李　　あの、すみません。入場券2枚ください。いくらですか。

係員　大人は一人350円ですので、2枚で700円です。

李　　はい。1000円でお願いします。

係員　入場券2枚と300円のおつりです。

李　　あの、博物館の中で写真を撮ってもいいですか。

係員　いいえ、館内では写真を撮ってはいけません。カメラは入り口の前にあ
　　　るコインロッカーに預けてください。また、ご承知のとおり館内では展
　　　示品に触らないでください。

李　　分かりました。カメラは預けます。ここに置いてあるパンフレットは持っ
　　　て行ってもいいですか。

係員　はい、構いません。どうぞ。

新しい単語

博物館(はくぶつかん) 박물관	チケット 티켓
売(う)り場(ば) 매표소	入場券(にゅうじょうけん) 입장권
いくら 얼마	大人(おとな) 성인
～枚(まい) ～장	預(あず)ける 보관시키다, 맡기다
写真(しゃしん) 사진	おつり 거스름돈
館内(かんない) 관내	撮(と)る 찍다
入(い)り口(ぐち) 입구	カメラ 카메라
承知(しょうち) 알고 있음	コインロッカー 코인 로커
分(わ)かる 알다	展示品(てんじひん) 전시품
パンフレット 팸플릿	置(お)く 두다
構(かま)う 상관하다, 마음 쓰다	

문형연습

1 ～で

大学で勉強している。

国で政策の方針を決めるだろう。

100円でお願いします。

二人で3千円です。

2 ～てもいいです(か)

ここではタバコを吸ってもいいです。

この公園はお金を払わなくてもいいです。

この鉛筆を使ってもいいですか。

図書館にパソコンを持っていってもいいですか。

3 ～てはいけません

ここでタバコを吸ってはいけません。

芝生に入ってはいけません。

子供はお酒を飲んではいけません。

図書館に飲み物を持っていってはいけません。

4 ～てください

ここに荷物を預けてください。

このノートパソコンを使ってください。

ここでタバコを吸わないでください。

芝生に入らないでください。

5 　～通り(とおり·どおり)

私が言ったとおりにしなさい。

開館時間は本に書いてあったとおりです。

思うとおりにはいかない。

思いどおりにはいかない。

新しい単語

政策(せいさく) 정책	方針(ほうしん) 방침	決(き)める 정하다
公園(こうえん) 공원	鉛筆(えんぴつ) 연필	芝生(しばふ) 잔디밭
預(あず)ける 맡기다	入(はい)る 들어가다	開館(かいかん) 회관

1 ～で ～로, ～에, ～이면

「で」의 용법으로 장소를 나타내는 명사에 접속하여 '～에서'라고 해석하는 용법 이외에 우리말의 '～로, ～에, ～이면'의 의미를 나타내는 「で」의 용법이 있다. 이 경우는 '소요시간'이나 '경비, 수량' 등의 조건을 나타낸다.

例 2枚で700円です。 2장에 700엔입니다.
1000円でお願いします。 1000엔으로 부탁드립니다(계산해 주세요).
1時間でソウルまで行けます。 1시간에 서울까지 갈 수 있습니다.

2 ～てください。 ～해 주세요.

접속형태 : Vテ형＋てください, N＋をください
「～ください」는 「くださる」 '주시다, 내리시다'의 명령어로 우리말의 '주십시오'라는 의미를 나타낸다. 일반적으로 「～ください」는 가벼운 명령의 뉘앙스를 나타낸다. 또한 「～てください」의 꼴로 '～해 주세요' '～해 주시기 바랍니다'의 의미를 나타낸다.

例 切符を2枚ください。 표를 2장 주세요.
この本を読んでください。 이 책을 읽어 주세요.
この紙に名前を書いてください。 이 종이에 이름을 적어 주세요.

3 ～通り(とおり・どおり) ～대로, ～같이, ～처럼

「～通り」는 크게 명사적용법, 형식명사적용법, 접미사적용법으로 나눌 수 있다. 일반적으로 「通り」가 명사적용법으로 쓰이는 경우는 '거리・길・도로' 등의 의미를 나타낸다. 하지만 다음과 같은 형식명사적용법이나 접미사적용법으로 사용되는 경우는 '～대로, ～같이, ～처럼'의 의미를 나타내기 때문에 주의해야 한다. 또한 「～通り」가 형식명사적용법이나 접미사적용법으로 사용되는 경우는 「とおり・どおり」와 같이 히라가나로 쓰는 것이 일반적이다.

형식명사적용법

접속형태 : N＋の＋とおり

V원형＋とおり

V タ형＋とおり

例 今回は計画のとおり進んでください。　이번은 계획대로 진행해 주세요.
あなたの言うとおりにはしない。　　 당신이 말한 것처럼은 하지 않겠다.
私が言ったとおりにしてください。　 내가 말한 것과 같이 해 주세요.

접미사적용법

접속형태 : N＋どおり

V マス형＋どおり

例 今回は計画どおり進んでください。　　　이번은 계획대로 진행해 주세요.
私の指示どおり動いてください。　　　　내가 지시한대로 움직여 주세요.
彼女は噂どおりの美人だった。　　　　　그녀는 소문대로 미인이었다.
恋愛というのは思いどおりにはならない。　연애라는 것은 생각처럼 되지 않는다.

新しい単語

切符(きっぷ) 표	名前(なまえ) 이름	計画(けいかく) 계획
進(すす)む 나아가다, 발전하다	指示(しじ) 지시	噂(うわさ) 소문
恋愛(れんあい) 연애		

연습문제

✎1 보기와 같이 주어진 동사를 괄호 안에 알맞은 형태로 넣으시오.

| 보기 | ここで写真を(撮っても)いいですか。 | <撮る> |

❶ この本を(　　　　　　)いいですか。　　　　　　　　　<読む>

❷ 音楽を(　　　　　　)いいですか。　　　　　　　　　　<聞く>

❸ タバコを(　　　　　　)てはいけません。　　　　　　　<吸う>

❹ この花を(　　　　　　)てはいけません。　　　　　　　<持って行く>

❺ 館内で(　　　　　　)てはいけません。　　　　　　　　<話す>

❻ 図書館で飲み物を(　　　　　　)ではいけません。　　　<飲む>

❼ 本を(　　　　　　)いいですか。　　　　　　　　　　　<借りる>

❽ 味見を(　　　　　　)いいですか。　　　　　　　　　　<する>

❾ 家に(　　　　　　)いいですか。　　　　　　　　　　　<帰る>

❿ あの人と(　　　　　　)てはいけません。　　　　　　　<付き合う>

✎2 보기와 같이 주어진 단어를 괄호 안에 알맞은 형태로 넣으시오.

| 보기 | コインロッカーに(預けて)ください。 | <預ける> |

❶ あの信号を右に(　　　　　　)ください。　　　　　　　<曲がる>

❷ ドアを(　　　　　　)ください。　　　　　　　　　　　<開ける>

❸ 電話番号を(　　　　　　)ください。　　　　　　　　　<教える>

❹ そんなに（　　　　　）ください。　　　　　　　　　　　＜泣かない＞

❺ いっしょに（　　　　　）ください。　　　　　　　　　　　＜歌う＞

❻ この部屋に（　　　　　）ください。　　　　　　　　　　　＜入る＞

❼ 展示品には（　　　　　）ください。　　　　　　　　　　　＜触らない＞

❽ できるだけ早く家に（　　　　　）ください。　　　　　　＜帰る＞

❾ この上には荷物を（　　　　　）ください。　　　　　　　＜置かない＞

❿ 駅まで（　　　　　）ください。　　　　　　　　　　　　　＜走る＞

✎**3** 다음 문장을 일본어로 작문하시오.

❶ 입장권 2장에 얼마입니까?

　➡

❷ 2000엔으로 계산해 주세요.

　➡

❸ 도서관에서 컴퓨터를 사용해도 될까요?

　➡

❹ 예 상관없습니다.

　➡

❺ 여기서 사진을 찍으시면 안 됩니다.

　➡

✎**4** 다음 문장을 듣고 빈칸을 알맞게 채우시오.

李　あの、すみません。入場券2枚ください。(❶　　　　　　　　　　　　)。

係員　大人は(❷　　　　　　　　　　　　)、2枚で700円です。

李　はい。1000円でお願いします。

係員　入場券2枚と300円のおつりです。

李　あの、博物館の中で写真を(❸　　　　　　　　　)。

係員　いいえ、館内では写真を撮ってはいけません。

　　　カメラは入り口の前にあるコインロッカーに(❹　　　　　　　　)。

　　　また、(❺　　　　　　　　　)館内では展示品に触らないでください。

李　分かりました。カメラは預けます。ここに置いてあるパンフレットは

　　持って行ってもいいですか。

係員　はい、構いません。どうぞ。

문법사항

Grammar Point

허가표현 (許可表現)
금지표현 (禁止表現)
의무표현 (義務表現)

· 허가표현

일본어에서 허가를 나타내는 표현으로는 「～てもいい」가 있다.

このパソコンを使ってもいいですか。	이 컴퓨터를 써도 될까요?
使ってもいいです。	사용해도 됩니다.
ここでタバコを吸ってもいいですか。	여기서 담배를 피워도 될까요?
吸ってもいいです。	피워도 됩니다.

이와 같이 「～てもいい」는 Vテ형에 접속하여 우리말의 '～해도 좋다'라는 의미를 나타낸다. 또한 「～てもいい」의 부드러운 표현으로 「～てもかまわない」가 있다.

このパソコンを使ってもかまいませんか。	이 컴퓨터를 써도 상관없을까요?
ここでタバコを吸ってもかまいませんか。	여기서 담배를 피워도 상관없을까요?

「～てもかまわない」도 모두 Vテ형에 접속한다.

· 금지표현

일본어의 금지표현에는 「～てはいけない」가 있다.

授業中には寝てはいけません。	수업중에는 자서는 안 됩니다.
ここでタバコを吸ってはいけません。	여기서 담배를 피우면 안 됩니다.

「～てはいけない」는 우리말의 '～해서는 안 된다'라는 표현이다. 금지를 완곡하게 표현할 때에는 '～하지 않도록' 「～ないように」이라는 표현을 사용하며, 절대 금지를 나타낼 때에는 '～하지 말 것' 「～ないこと」와 같은 표현을 사용한다.

教室では走らないように。　　　　　　교실에서는 뛰지 않도록.
電車の中では携帯電話を使わないこと。　전차 안에서는 휴대전화를 사용하지 말 것.

「～てはいけない」는 V$_{テ형}$에 접속하며, 「～ないように」「～ないこと」는 V$_{ナイ형}$에 접속
한다.

· 의무표현

일본어에서 의무를 나타내는 표현으로 대표적인 것은 '～해야 한다(～하지 않으면 안된
다)'의 의미를 나타내는 「～なければならない」가 있다. V$_{ナイ형}$에 접속한다.

明日は試験なので勉強しなければなりません。　内일은 시험이기 때문에 공부해야 합니다.
明後日までレポートを書かなければなりません。모레까지 리포트를 써야 합니다.

MEMO

明日、病院へ行こうと思っています。

🎧기본회화

朴　つらいなぁ…。

山本　どうしたんですか。

朴　頭が痛いです。また、鼻水も出ます。

山本　風邪を引いたのではありませんか。熱は出ていませんか。

朴　先ほど体温計で計ってみましたが、熱はありませんでした。

山本　薬は飲みましたか。

朴　いいえ、まだ飲んでいません。

山本　病院へ行かなくてもいいですか。

朴　　今日は仕事で遅くなったので、明日病院へ行こうと思っています。

山本　そうですね。今日は早く帰ってゆっくり休んだほうがいいと思います。

朴　　すみません。今日一緒に食事する予定だったのに…。

山本　そんなことは気にしないでください。食事はまた今度にしましょう。

朴　　本当にすみません。

山本　お大事に。

新しい単語

頭(あたま) 머리	鼻水(はなみず) 콧물
痛(いた)い 아프다	風邪(かぜ)を引(ひ)く 감기에 걸리다
熱(ねつ) 열	先(さき)ほど 아까, 좀 전
体温計(たいおんけい) 체온계	薬(くすり) 약
病院(びょういん) 병원	仕事(しごと) 일
遅(おそ)い 늦다	帰(かえ)る 돌아가다
休(やす)む 쉬다	食事(しょくじ) 식사
今度(こんど) 이번, 이 다음	お大事(だいじ)に 몸조심 하세요, 몸조리 잘 하세요

문형연습

1 **～ではありませんか。**

お酒を飲んだのではありませんか。

KTXは便利ではありませんか。

趙さんは優しい人ではありませんか。

日本語が上手な人はけっこういるのではありませんか。

2 **～う(よう)**

学校へ行こう。

彼女と結婚しようと思います。

今から朝ご飯を作ろうと思います。

ソンさんと図書館でいっしょに勉強しようと思います。

3 **～ほうがいい。**

これは早く食べたほうがいいです。

彼女とは付き合わないほうがいいですね。

この本は買ったほうがいいと思う。

この件に関しては正直に話したほうがいいと思います。

4 **～のに**

夏は食べ物に注意したほうがいいと言ったのに。

早く病院に行ったほうがよかったのに。

もっと勉強すればよかったのに。

やっと就職できたのに、交通事故で入院しました。

문법설명

1 　～ではありませんか。

접속형태 :　　N, N_{a어간}＋(なの)ではありませんか

　　　　　　　V, A＋(の)ではありませんか

「～ではありませんか」는 우리말의 '～것 아닌가요?' '～인 것 아니세요?'라고 하는 표현으로, 화자의 '가벼운 추측'을 나타내는 표현이다.

例　もしかしてお酒を飲んだのではありませんか。　　혹시 술 마신 것 아니세요?

　　彼を捨てたのではありませんか。　　　　　　　그를 버린 것 아닌가요?

　　今日は遅くなるのではありませんか。　　　　　오늘은 늦는 것 아닌가요?

2 　～う(よう)

동사에 「～う(よう)」가 접속하여 화자의 '의지'와 '권유'를 나타낼 수 있다. 화자가 청자에게 「行こう」라고 하는 경우는 '가자'라는 권유표현으로 해석할 수 있고, 혼잣 말인 경우는 '가야지'라고 하는 의지표현으로 해석할 수 있다.

5단동사	言う 書く 話す 待つ 死ぬ 遊ぶ 飲む 乗る	⇒	言おう 書こう 話そう 待とう 死のう 遊ぼう 飲もう 乗ろう
1단동사	食べる 起きる	⇒	食べよう 起きよう
변격동사	する 来る	⇒	しよう こよう

3 | ~ほうがいい

접속형태 : V원형, V夕형＋ほうがいい
　　　　　 Vナイ형＋ない＋ほうがいい,

「~ほうがいい」는 우리말의 '~하는 편이 좋다'에 해당하는 말로, 상대에게 충고를 할 때 사용하는 표현이다. 「~ほうがいい」 전항에 오는 V원형, V夕형은 큰 차이가 없으나 V夕형이 청자에게 보다 강하게 권유하는 경우에 사용된다. 단, 부정형은 현재형만 사용할 수 있다.

> 例 あの店のうどんは食べないほうがいい。　그 가게의 우동은 먹지 않는 편이 좋아.
> 　　今日1日は休むほうがいいですよ。　　오늘 하루는 쉬는 편이 좋겠어요.
> 　　病院へ行ったほうがいいですよ。　　　병원에 가는 편이 좋겠어요.
> 　　タバコはやめたほうがいいと思います。담배는 끊는 편이 좋다고 생각합니다.

4 | ~のに

「~のに」에는 접속조사적용법과 종조사적용법이 있다. 접속조사적용법은 '~함에도 불구하고' '~하는데도'라고 해석되는 것이 일반적이며, 종조사적용법은 '~인데' '~일 텐데'와 같은 의미를 나타낸다. 종조사적용법은 '예상했던 결과와 반대되는 결과'가 되어 그것을 안타깝게 생각하는 화자의 심정을 나타내는 표현이다.

> 例 10月なのにまだ暑い。　　　　　　　10월인데 아직 덥다.
> 　　けっこう頑張ったのにまだ半分しかできていない。
> 　　　　　　　　　　　　　　　　　　　꽤 노력했는데 아직 반밖에 못했다.
> 　　わかれないと約束したのに。　　　　헤어지지 않겠다고 약속했었는데….
> 　　今日は無理しないほうがいいと思うのに。오늘은 무리하지 않는 편이 좋으련만….

新しい単語

もしかして 만일, 어쩌면	捨(す)てる 버리다	やめる 그만두다, 끊다
暑(あつ)い 덥다	のに ~인데도	頑張(がんば)る 노력하다
半分(はんぶん) 반, 절반	しか ~뿐, ~밖에	約束(やくそく) 약속
無理(むり) 무리		

✎1 보기와 같이 주어진 동사를 괄호 안에 알맞은 형태로 넣으시오.

| 보기 | 病院へ(行こう)と思います。 | <行く> |

❶ 家に(　　　　　　　)と思います。　　　　　　　　　　　　　<帰る>

❷ 先生の授業を(　　　　　　　)と思います。　　　　　　　　　<聞く>

❸ タバコを(　　　　　　)と思います。　　　　　　　　　　　　<やめる>

❹ 生け花を(　　　　　　)と思います。　　　　　　　　　　　　<習う>

❺ 図書館へ(　　　　　　)と思います。　　　　　　　　　　　　<行く>

❻ 遊園地で乗り物に(　　　　　　)と思います。　　　　　　　　<乗る>

❼ 夏休み中に村上春樹の小説を(　　　　　　)と思います。　　　<読む>

❽ 英語の勉強を(　　　　　　)と思います。　　　　　　　　　　<する>

❾ 早く薬を(　　　　　　)と思います。　　　　　　　　　　　　<飲む>

❿ あの人のCDを(　　　　　　)と思います。　　　　　　　　　<買う>

✎2 다음 문장을 보기와 같이 완성하시오.

| 보기 | お酒をやめる。
お酒をやめたほうがいいです。
お酒をやめるほうがいいです。 |

❶ 本を買う。

　　➡

❷ 夜遅くなったので早く家に帰る。

　➡

❸ タバコを吸わない。

　➡

❹ 早く電車に乗る。

　➡

❺ 彼女とわかれない。

　➡

✎3 다음 문장을 일본어로 작문하시오.

❶ 감기 걸린 것 아닙니까?

　➡

❷ 아까 체온계로 재보았습니다.

　➡

❸ 약은 드셨습니까?

　➡

❹ 내일 병원에 가려고 생각하고 있습니다.

　➡

❺ 식사는 다음에 합시다.

　➡

✎4 다음 문장을 듣고 빈칸을 알맞게 채우시오.

朴　　つらいなぁ…。

山本　どうしたんですか。

朴　　頭が痛いです。また、(❶　　　　　　　)。

山本　(❷　　　　　　　　　　)のではありませんか。熱は出ていませんか。

朴　　先ほど体温計で(❸　　　　　　　)が、熱はありませんでした。

山本　薬は飲みましたか。

朴　　いいえ、まだ飲んでいません。

山本　病院へ行かなくてもいいですか。

朴　　今日は(❹　　　　　　　)ので、明日病院へ(❺　　　　　　　)。

山本　そうですね。今日は早く帰ってゆっくり休んだほうがいいと思います。

朴　　すみません。今日一緒に(❻　　　　　　　　　　　)のに…。

山本　そんなことは気にしないでください。食事はまた(❼　　　　　　)。

朴　　本当にすみません。

山本　(❽　　　　　　　　　　)。

文법사항

문법사항

Grammar Point

일본어의 의지표현

일본어의 의지표현은 '현재형' '의지형'을 사용하거나 「つもり」를 이용하여 나타내는 것이 일반적이다.

먼저, 동사의 '현재형'으로서 의지를 나타낼 수 있다.

기본형	현재형
飲む 마시다	飲みます 마십니다. 마시겠습니다.
書く 쓰다	書きます 씁니다. 쓰겠습니다.

또한 조동사 「う(よう)」를 접속하여 의지표현을 만들 수 있다.

기본형	의지형
飲む 마시다	飲もう 마셔야지
書く 쓰다	書こう 써야지
食べる 먹다	食べよう 먹어야지
する 하다	しよう 해야지

5단동사의 경우는 「飲む→飲もう」로 변화하는 것과 같이 동사어미를 オ단으로 만들고 「う」를 접속시키며, 1단동사의 경우는 「食べる→食べマス＋よう」와 같이 Vマス형에 「よう」를 접속시킨다. 그리고 변격동사 「する」는 「しよう」, 「来(く)る」는 「来(こ)よう」가 된다. 하지만 조동사 「う(よう)」가 접속하는 경우 '의지'의 의미 이외에 '권유'의 의미로도 사용되는 것에 주의할 필요가 있다.

기본형	권유형
飲む 마시다	飲もう 마십시다
書く 쓰다	書こう 씁시다
食べる 먹다	食べよう 먹읍시다
する 하다	しよう 합시다

또한 「う(よう)」가 접속하여 의지표현을 만드는 경우는 「～と思う」(~고 생각하다)가 접속하는 것이 일반적이다.

의지형	의지형+と思う 의지형+と思っている	
行こう 가야지	行こうと思う	가려고 생각하다
	行こうと思っている	가려고 생각하고 있다
飲もう 마셔야지	飲もうと思う	마시려고 생각하다
	飲もうと思っている	마시려고 생각하고 있다

이 이외에 형식명사 「つもり」를 접속하여 의지표현을 나타낼 수 있다.
일본어의 조동사 「う(よう)」가 의지표현으로 쓰이는 경우는 스스로에 대한 '독백'의 상황에서 나타나는 것이 일반적이다. 그러나 형식명사 「つもり」가 문장의 마지막에 접속하여 의지표현을 나타내는 경우는 상대(듣는 청자)에게 자신의 생각과 의지를 나타내는 것이 일반적이며 이때 「つもり」는 '생각·의도·작정'의 의미로 해석할 수 있다.

형식명사 「つもり」는 'V$_{원형}$' 'V$_{ナイ형}$＋ない'에 접속하여 의지표현을 나타낸다.

何がなんでも今回の旅行は行くつもりです。 무슨 일이 있어도 이번 여행은 갈 생각이다.
タバコはやめないつもりだ。　　　　　　 담배는 끊지 않을 생각이다.

· 의지형의 부정형은 존재하지 않는다.
　의지형의 부정형은 존재하지 않는다. 따라서 부정의 의지표현을 나타내기 위해서는 아래와 같은 형태로 바꿔야 한다.

기본형	의지표현의 부정	
飲む 마시다	飲まないことにしよう。	마시지 않기로 해야지
	飲むのをやめましょう。	마시는 것을 그만 둡시다
書く 쓰다	書かないことにしよう。	쓰지 않기로 해야지
	書くのをやめましょう。	쓰는 것을 그만 둡시다

MEMO

ジブリ美術館に行ったことがあります。

🎧 기본회화

鈴木　金さん、アニメは好きですか。

金　　はい、大好きです。私の趣味はアニメを見ることです。

鈴木　今まで見たアニメの中で一番よかったのは何ですか。

金　　そうですね。「となりのトトロ」というアニメが一番よかったです。

鈴木　私も「となりのトトロ」が好きで、宮崎駿監督のファンになりました。

金　　韓国人の中でも宮崎監督のマニアが多いですよ。

鈴木　そうですか。宮崎監督は世界的に有名ですからね。金さんはジブリ美術
　　　館に行ったことがありますか。

金　いいえ、行ったことがありません。鈴木さんは行ってみましたか。

鈴木　はい、去年の春休みに行ってきました。アニメの製作過程などを見ることもできて、とてもよかったです。また、大きいトトロが入り口のとなりでチケットを売っていましたよ。

金　本当ですか。ぜひ行ってみたいですね。

新しい単語

アニメ 애니메이션	趣味(しゅみ) 취미
一番(いちばん) 으뜸, 가장	監督(かんとく) 감독
ファン 팬	マニア 마니아
世界的(せかいてき) 세계적	美術館(びじゅつかん) 미술관
去年(きょねん) 작년	春休(はるやす)み 봄 방학
製作(せいさく) 제작	過程(かてい) 과정
入(い)り口(ぐち) 입구	チケット 티켓
ぜひ 부디, 꼭	

문형연습

1 ～ことです

あなたの趣味は何ですか	私の趣味は音楽を聞くことです。
	私の趣味は映画を見ることです。
	・趣味は写真を撮ることです
	歌をうたうことです。

2 N1 というN2

このクラスには山田という人はいません。

「美人」という歌が聞きたいです。

日本という国

『名探偵コナン』というマンガが大好きです。

3 ～で

山田さんは芸術家で、木村さんは先生です。

この部屋は静かで、冷房施設も完璧です。

彼女はきれいで、性格もいいです。

4 ～になる

毎日運動をしたので、元気になりました。

新型インフルエンザで、25日まで休校になります。

今年で二十歳になりました。

この秋結婚することになりました。

5 ～ことがある/～ことがない

富士山で馬に乗ったことがあります。

日本で釜飯を食べたことがあります。

一度も飛行機に乗ったことがないです。

北海道には行ったことがありません。

6 ～ことができる

日本語を話すことができる。

パソコンで映画を見ることができます。

英語の小説を読むことができます。

ジブリでトトロを見ることができます。

新しい単語

趣味(しゅみ) 취미	撮(と)る 찍다	嫌(きら)いだ 싫어하다
美人(びじん) 미인	名探偵(めいたんてい)コナン 명탐정 코난	芸術家(げいじゅつか) 예술가
冷房施設(れいぼうしせつ) 냉방시설		完璧(かんぺき) 완벽
性格(せいかく) 성격　運動(うんどう) 운동		新型(しんがた) 신형
休校(きゅうこう) 휴교		富士山(ふじさん) 후지산
馬(うま) 말	釜飯(かまめし) 솥밥	飛行機(ひこうき) 비행기

1 ~ことです

접속형태 : V원형＋ことです

일본어로 「金さんの趣味は何ですか。」(김씨의 취미는 무엇입니까?)와 같이 물어오는 경우 종종 「音楽です」(음악입니다)와 같이 대답한다. 하지만 이와 같은 표현보다 'V원형 ＋ことです'의 형태로 「音楽を聞くことです」와 같이 표현하는 것이 보다 구체적인 사항을 청자에게 전달할 수 있다.

例 私の趣味は小説を読むことです。　　내 취미는 소설을 읽는 것입니다.
私の趣味は絵を描くことです。　　　내 취미는 그림을 그리는 것입니다.
趣味はピアノを引くことです。　　　취미는 피아노를 치는 것입니다.
趣味はドライブすることです。　　　취미는 드라이브하는 것입니다.

2 N1というN2

「という」는 우리말의 '〜라고 하는' 의미를 나타내는 말이다. 'N1というN2'의 형태로 나타나는 경우 N1은 N2의 이름을 나타낸다.

例 『キッチン』という小説　　　　　　　'키친'이라는 소설
鈴木京香という女優が好きです。　　스즈키 쿄카라는 여배우를 좋아합니다.
『蛇にピアス』という小説が読みたい。 '뱀에게 피어싱'이라는 소설을 읽고 싶다.
みどり寿司という寿司屋に行ってみたい。 미도리스시라고 하는 초밥집에 가보고 싶다.

3 ~で

접속형태 : N, Na어간＋で

「で」의 용법에는 여러 가지가 있다. 그 중에 「で」를 이용하여 명사문과 형용사문을 접속시키는 기능이 있다. 이 경우 앞의 문장과 뒤의 문장은 순접의 의미로 연결되어야 한다.

例 金さんの奥さんは美人で、料理も上手です。　김씨 부인은 미인이고 요리도 잘합니다.
　彼は先生で、スポーツマンです。　　그는 선생님이고 스포츠맨입니다.
　あの人はきれいで、性格もいいです。　그 사람은 예쁘고 성격도 좋습니다.
　彼は性格も穏やかで、マナーもいいです。　그는 성격도 부드럽고 매너도 좋습니다.

4 〜になる

접속형태 : N＋になる, Na어간＋になる
　　　　　V원형＋ことになる, Vナイ형＋ない＋ことになる

「なる」는 우리말의 '되다'에 해당하는 표현으로 상태가 변화된 것을 의미한다. 이와 같이 상태가 변화하는 것을 의미하는 동사는 「なる」이외에 「する」가 있는데 이 두 동사의 차이는 어떠한 상황이 자연적으로 변화되었는지 인위적으로 변화되었는지의 차이라고 할 수 있다. 이 중 「〜になる」는 상태의 변화가 자연적으로 이루어졌다는 것을 나타내는 표현으로 일본어에서 자주 쓰이는 표현 중 하나이다.

例 もう春になりました。　　　　벌써 봄이 되었습니다.
　もうすぐ3時になります。　　이제 곧 3시가 됩니다.
　来月、転勤することになりました。　다음 달 전근가게 되었습니다.
　授業で『平家物語』を勉強することになりました。
　　　　　　　　　　　　수업에서 '헤이케이야기'를 공부하게 되었습니다.

5 〜ことがある/〜ことがない

접속형태 : Vタ형＋ことがある(ない)

일본어에서 경험의 유무를 묻는 표현으로 「〜ことがある/〜ことがない」(〜한 적이 있다/〜한 적이 없다)가 있다. 경험의 유무를 묻는 표현이기 때문에 「〜ことがある/〜ことがない」의 전항은 과거형이 온다. 또한 「〜ことがある/〜ことがない」의 정중한 표현으로는 「〜ことがあります/〜ことがありません」이 있다.

例 日本の小説を読んだことがある。　　일본 소설을 읽은 적이 있다.
　日本の友達と話したことがあります。　일본인 친구와 이야기한 적이 있습니다.

今まで日本酒を飲んだことがない。　　　　지금까지 일본 술을 마셔본 적이 없다.

富士山を見たことがありません。　　　　　후지산을 본 적이 없습니다.

6 ～ことができる

접속형태 : V원형＋ことができる(できない)

일본어에서 우리말의 '～할 수 있다/～할 수 없다'와 같은 가능/불가능 표현을 나타내는 방법 중 하나로 「～ことができる/～ことができない」가 있다. 가능/불가능 표현인 「～ことができる/～ことができない」의 전항은 V원형이 접속한다. 또한 강조표현으로 「～こともできる」가 있다.

例 車を運転することができます。　　　차를 운전할 수 있습니다.

おさしみを食べることができます。　　생선회를 먹을 수 있습니다.

日本語で話すことができません。　　　일본어로 이야기할 수 없습니다.

製作現場は見ることができません。　　제작현장은 볼 수 없습니다.

新しい単語

女優(じょゆう) 여배우	蛇(へび) 뱀	転動(てんきん) 전근

연습문제

✎**1** 보기와 같이 주어진 단어를 괄호 안에 알맞은 형태로 넣으시오.

| 보기 | 監督の(ファン)になりました。 | ＜ファン＞ |

❶ 国に(　　　　　　　　　)になりました。　　　　　　　＜帰る＞

❷ 京都に(　　　　　　　　　)になりました。　　　　　　＜転勤する＞

❸ もうすぐ(　　　　　　　　)になります。　　　　　　　＜4時＞

❹ 生け花を(　　　　　　　　)になりました。　　　　　　＜習う＞

❺ 図書館で(　　　　　　　　)になりました。　　　　　　＜働く＞

❻ 遊園地に(　　　　　　　　)になりました。　　　　　　＜行く＞

❼ 宿題で村上春樹の小説を(　　　　　　　)になりました。　＜読む＞

❽ 英語で(　　　　　　)になりました。　　　　　　　　　＜演説する＞

❾ 営業1課に(　　　　　　　)になりました。　　　　　　＜戻る＞

❿ 来月、韓国で(　　　　　　　)になりました。　　　　　＜発表する＞

✎**2** 다음 문장을 보기와 같이 완성하시오.

| 보기 | あなたの趣味は何ですか。 |
| | ⇨ 私の趣味は絵を描くことです。　　　　　　　　　　　＜絵＞ |

❶ あなたの趣味は何ですか。

　➡　　　　　　　　　　　　　　　　　　　　　　　　　＜歌＞

❷ あなたの趣味は何ですか。

➡ <映画>

❸ あなたの趣味は何ですか。

➡ <写真>

❹ あなたの趣味は何ですか。

➡ <ギター>

❺ あなたの趣味は何ですか。

➡ <小説>

✎3 다음 문장을 일본어로 작문하시오.

❶ 그녀는 성격도 좋고, 아름답습니다.

➡

❷ 다음 달 결혼하게 되었습니다.

➡

❸ 벌써 여름이 되었습니다.

➡

❹ 일본 소설을 읽은 적이 있습니다.

➡

❺ 입구에서 토토로가 티켓을 팔고 있습니다.

➡

✎**4** 다음 문장을 듣고 빈칸을 알맞게 채우시오.

鈴木　金さん、アニメは好きですか。

金　　はい、大好きです。私の趣味は(❶　　　　　　　　　　　　　　　　)。

鈴木　今まで見たアニメの中で(❷　　　　　　　　　　　)は何ですか。

金　　そうですね。「となりのトトロ」というアニメが一番よかったです。

鈴木　私も「となりのトトロ」が好きで、宮崎駿監督の(❸　　　　　　　　　)。

金　　韓国人の中でも宮崎監督のマニアが多いですよ。

鈴木　そうですか。宮崎監督は(❹　　　　　　　　　　　)ね。

　　　金さんはジブリ美術館に(❺　　　　　　　　　　　)。

金　　いいえ、行ったことがありません。鈴木さんは行ってみましたか。

鈴木　はい、去年の春休みに(❻　　　　　　　)。アニメの制作過程などを見るこ
　　　ともできて、とてもよかったです。また、大きいトトロが入り口のと
　　　なりでチケットを(❼　　　　　　　　　　　)よ。

金　　本当ですか。ぜひ行ってみたいですね。

Grammar Point

경험의 유무를 나타내는 표현

· 경험의 유무를 나타내는 표현

일본어에서 우리말의 '~한 적이 있다' '~한 적이 없다'에 해당하는 표현으로는 「V$_{タ형}$＋
ことがある」「V$_{タ형}$＋ことがない」가 있다.

日本へ行ったことがあります。   일본에 간 적이 있습니다.
日本酒を飲んだことがありません。   일본 술을 마신 적이 없습니다.

이와 같이 주로 동사의 과거형이 사용되는 것이 일반적이지만 다음과 같이 「명사+だっ
た」와 「동사의 과거부정형＋ことがある」의 형태도 존재한다.

予約が遅れて大変だったことがあります。   예약이 늦어져 고생한 적이 있습니다.
(お酒をやめようと)飲まなかったことがあります。

                              (술을 끊으려고)마시지 않은 적이 있습니다.

「～ことがある」가 V$_{タ형}$이 아닌 V$_{원형}$과 접속하는 경우는 '~하는 일(경우, 적)이 있다'와
같은 의미를 나타낸다.

たまに失敗することがあります。   가끔 실패하는 경우가 있습니다.
ときどき映画を見ることがあります。   가끔 영화를 보는 일이 있습니다.

MEMO

🎧 기본회화

田中　今週の日曜日、約束でもありますか。

李　　いいえ、別に何もありません。

田中　じゃ、一緒に東京ディズニーランドへ行きませんか。鈴木さんと林さん
　　　も行きますが…。

李　　それはいいですね。行きましょう。

田中　金さんはどうですか。

金　　すみません。土曜日なら行けますが、日曜日はアルバイトがあって行け
　　　ません。

バイトの時間を他の人に代えられませんか。

うん

バイトで行けません。

田中　それは残念ですね。他の人に代えられませんか。

金　　聞いてみますが、たぶん難しいと思います。ところで、待合わせの場所

　　　はどこですか。

田中　待合わせの場所は新宿駅の新南口バスターミナルです。8時10分のバス

　　　に乗ろうと思いますので、時間は8時にしましょう。

李　　はい、分かりました。お弁当は私が作って行きます。

田中　あ、東京ディズニーランドにはお弁当を持って入ることができません。

李　　そうですか、知りませんでした。東京ディズニーランドではすてきなパ

　　　レードが見られますよね。楽しみです。

新しい単語

今週(こんしゅう) 이번 주	約束(やくそく) 약속
東京(とうきょう) 도쿄	ディズニーランド 디즈니랜드
アルバイト 아르바이트	待(まち)合(あ)わせ 기다림
場所(ばしょ) 장소	代(か)える 바꾸다
新宿駅(しんじゅくえき) 신주쿠역	南口(みなみぐち) 남쪽 출구
バスターミナル 버스터미널	乗(の)る 타다
チケット 티켓	弁当(べんとう) 도시락
知(し)る 알다	すてきだ 멋지다
パレード 퍼레이드	

문형연습

1 ~ませんか

一緒に食事でも行きませんか。

このりんごはおいしいですが、食べてみませんか。

明日は箱根まで行ってみませんか。

パレードを見に行きませんか。

2 ~ましょう

明日は食事でもしましょう。

一杯飲みましょう。

いい作品を作ってみましょう。

日本語で話してみましょう。

3 ~なら

行くなら明日がいいと思います。

ビールならアサヒが一番ですね。

あなたが飲むなら、わたしも飲みます。

パソコンを買うなら、この店が安いです。

4 가능동사

明日の会議には行けます。

私は英語で話せます。

明日は映画のチケットを半額で買えます。

明日ならソンさんに会えます。

5 ~られる(가능)

明日10時まで来られますか。

ホラー映画が見られますか。

辛い食べ物が食べられますか。

6 ~ことができる/~ことができない

競技場には食べ物を持っていくことができます。

冷やしそばは期間限定なので今は食べることができます。

図書館には飲み物を持っていくことができません。

雨の日はパレードを見ることができません。

新しい単語

箱根(はこね) 하코네(지명)	作品(さくひん) 작품	会議(かいぎ) 회의
半額(はんがく) 반액	競技場(きょうぎじょう) 경기장	冷(ひ)やし 식힘, 차게함
期間限定(きかんげんてい) 기간한정		

문법설명

1 ～ませんか∨～ましょう

의지표현을 사용하지 않고 권유를 나타낼 때에는 「ませんか」와 같이 '부정의문문'으로 권유표현을 만들 수 있다. 이 때 제안 받은 내용을 수락하는 경우는 「ましょう」를 사용하여 대답한다. 또한 「ましょう」는 제안에 대한 수락뿐만 아니라 권유표현으로 사용되기도 한다. 동사의 '의지형'으로 권유표현을 대신하는 경우는 화자와 친한 상대 혹은 화자보다 나이가 어린 청자에게 쓰이는 것이 일반적이다. 한편, 화자와 비슷한 위치이거나 격식을 차려야하는 자리에서는 「ましょう」의 표현을 사용하는 것이 일반적이다.

> 例 飲みに行きませんか。はい、飲みましょう。
>
> 　　　　　　　　　　　　마시러 가지 않겠습니까? 네, 마십시다.
>
> 一緒に演奏会に行きませんか。はい、行きましょう。
>
> 　　　　　　　　　　　　같이 연주회에 가지 않겠습니까? 네, 갑시다.
>
> 一緒に食事でもしましょう。　　같이 식사라도 합시다.
>
> 映画を見に行きましょう。　　　영화 보러 갑시다.

2 ～なら

접속형태 :　V원형, A원형, Na어간, N+なら

「～なら」는 우리말의 '～라면'에 해당하는 말로 가정표현을 나타낼 때 사용한다. 그러나 우리말의 '～라면'이 모두 「～なら」와 1:1대응하는 것은 아니다. 그 이유는 우리말의 가정표현은 '～라면' 하나 밖에 없지만 일본어의 경우는 「～なら」이외에 「～と」「～ば」「～たら」가 있고 이 모두가 우리말의 '～라면'과 대응하기 때문이다. 따라서 일본어의 가정표현은 주의를 기울여 학습할 필요가 있다(Chapter20의 문법사항을 참조).

> 例 電気製品を買うなら、この店が安いです。　　전기제품을 산다면 이 가게가 쌉니다.

日本で移動するなら、新幹線が便利です。

일본에서 이동하신다면 신칸선이 편리합니다.

あなたならできます。

당신이라면 할 수 있습니다.

3 | 가능동사

일본어 가능 표현에는 3가지 있는데, 그 중의 하나가 가능동사를 이용하여 가능표현을 만드는 것이다. 가능동사는 5단 활용동사에만 나타나며 접속방법은 어미를 'エ단'으로 바꾸고 「る」를 접속하면 된다. 또한 가능동사는 조사 「が」를 취하는 것이 일반적이다 (가능을 나타내는 다른 두 가지 표현은 문법사항을 참조).

会う	a-u	⇨	会える	a-eru
書く	kak-u	⇨	書ける	kak-eru
飲む	nom-u	⇨	飲める	nom-eru
乗る	nor-u	⇨	乗れる	nor-eru

例 私は泳げます。　　　　　　　　난 수영할 수 있습니다.

日本語で話せます。　　　　　　일본어로 이야기할 수 있습니다.

英語の新聞が読めます。　　　　영어신문을 읽을 수 있습니다.

ソウルまで3時間で行けます。　서울까지 3시간에 갈 수 있습니다.

新しい単語

電気製品(でんきせいひん) 전기제품　　　新幹線(しんかんせん) 신칸선　　　泳(およ)ぐ 수영하다

✎1 보기와 같이 주어진 동사를 가능표현으로 바꾸시오.

보기	読む	⇨	読める
			読むことができる
			読まれる

❶ 帰る　➡

❷ 来る　➡

❸ 食べる　➡

❹ 書く　➡

❺ 話す　➡

❻ 泳ぐ　➡

❼ 会う　➡

❽ 解く　➡

❾ 戻る　➡

❿ 歌う　➡

✎2 다음 문장을 보기와 같이 완성하시오.

	一緒に絵を描く。	
보기 ⇨	一緒に絵を描きませんか。	＜ませんか＞
	一緒に絵を描きましょう。	＜ましょう＞

❶ 飲みに行く。

➡   ＜ませんか＞

                                        ＜ましょう＞

❷ 買い物に行く。

➡   ＜ませんか＞

                                        ＜ましょう＞

❸ 本を読む。

➡   ＜ませんか＞

                                        ＜ましょう＞

❹ レポートを書く。

➡   ＜ませんか＞

                                        ＜ましょう＞

❺ 勉強する。

➡   ＜ませんか＞

                                        ＜ましょう＞

✎3 다음 문장을 일본어로 작문하시오.

❶ 멋진 퍼레이드를 볼 수 있겠군요.

➡

❷ 같이 디즈니랜드에 가지 않겠습니까?

➡

❸ 일요일이라면 갈 수 있습니다.

➡

❹ 9시 버스를 타려고 생각하고 있습니다.

➡

⑤ 도시락을 가지고 갈 수 없습니다.

　➡

✎**4** 다음 문장을 듣고 빈칸을 알맞게 채우시오.

田中　今週の日曜日、(**❶**　　　　　　　　　　　　　　　)。

李　　いいえ、別に何もありません。

田中　じゃ、一緒に東京ディズニーランドへ(**❷**　　　　　　　　　)。鈴木さんと

　　　林さんも行きますが…。

李　　それはいいですね。行きましょう。

田中　金さんはどうですか。

金　　すみません。(**❸**　　　　　　　　　　　　　　)、日曜日はアルバ

　　　イトがあって行けません。

田中　それは残念ですね。他の人に代えられませんか。

金　　聞いてみますが、たぶん難しいと思います。ところで、待合わせの場

　　　所はどこですか。

田中　(**❹**　　　　　　　　　)は新宿駅の新南口バスターミナルです。8時10分の

　　　バスに(**❺**　　　　　　　　　　)ので、時間は8時にしましょう。

李　　はい、分かりました。お弁当は私が(**❻**　　　　　　　　　)。

田中　あ、東京ディズニーランドにはお弁当を(**❼**　　　　　　　)ことができません。

李　　そうですか、(**❽**　　　　　　　　　　　)。東京ディズニーランドではすてきな

　　　パレードが見られますよね。(**❾**　　　　　　　　　)。

Grammar Point

가능표현

· 가능표현

일본어에서 가능표현을 만드는 방법은 다음과 같다.

1. V원형에 「～ことができる/できない」를 접속시키는 방법

私は日本語で話すことができます。	나는 일본어로 이야기할 수 있습니다.
寿司を食べることができます。	초밥을 먹을 수 있습니다.
泳ぐことができません。	수영할 수 없습니다.
漢字を読むことができません。	한자를 읽을 수 없습니다.

동사와 접속하는 경우는 위와 같이 「こと」를 접속하고 가능을 나타내는 동사 「できる/できない」를 접속한다.

2. 명사에 「～できる/できない」를 접속시키는 방법

동사와 접속하는 경우는 「こと」를 삽입하여 명사구를 만들지만 명사를 가능표현으로 만들 때에는 명사에 조사 「が」를 더해 가능표현을 만든다.

日本語ができます。	일본어를 할 수 있습니다.
ギターができます。	기타를 칠 수 있습니다.
運転ができません。	운전을 할 수 없습니다.
パソコンができません。	컴퓨터를 할 수 없습니다.

3. 조동사 「れる/られる」를 접속시키는 방법

접속	5단동사는 'Vナイ형'을 만들고 「れる」를 접속시킨다.
	1단동사는 'Vナイ형'을 만들고 「られる」를 접속시킨다.
	변격동사 「来る」는 「こられる」, 「する」는 「できる」가 된다.

5단동사	書く	書かナィ＋れる	書かれる
	話す	話さナィ＋れる	話される
	待つ	待たナィ＋れる	待たれる
	遊ぶ	遊ばナィ＋れる	遊ばれる
	飲む	飲まナィ＋れる	飲まれる
1단동사	起きる	起きナィ＋られる	起きられる
	食べる	食べナィ＋られる	食べられる

4. 가능동사를 만드는 방법

일반적으로 5단동사의 경우는 「れる/られる」를 사용하지 않고 위에서 학습한 것과 같이 가능동사를 만들어 가능의 의미를 나타낸다. 이 때 주의해야 할 것은 가능동사는 5단동사에서만 나타날 수 있는 꼴이라는 것이다.

会う	a-u	⇨	会える	a-eru
書く	kak-u	⇨	書ける	kak-eru
飲む	nom-u	⇨	飲める	nom-eru
乗る	nor-u	⇨	乗れる	nor-eru

MEMO

chapter 20 夜景を見るならソウルタワーが いいと思います。

🎧 기본회화

山本 今度、家族旅行で韓国へ行くことにしました。

朴 そうですか。いつ行くんですか。

山本 日にちはまだ決まっていないですが、12月頃になると思います。韓国の 12月はどうですか。日本より寒いですか。

朴 韓国は12月になると寒くなります。雪が降ることもありますし…。韓国 でどこへ行くつもりですか。ソウルですか、釜山ですか。

山本 ソウルです。韓国に行ったら、伝統文化が体験できるところへ行きたい です。また、おいしい食べ物も食べたいです。特にプルコギとキムチは食 べてみたいです。

朴 プルコギはおいしいですね。私も好きです。

山本　それから、ソウルの夜景も見に行きたいです。夜景で有名なスポットを
　　　教えてください。

朴　　夜景を見るならソウルタワーがいいですよ。ソウルタワーは東京タワーと
　　　違って山の上にありますので、ソウルの夜景がきれいに見えます。

山本　そうですか。必ず行ってみます。

新しい単語

今度(こんど) 이번	家族(かぞく) 가족
旅行(りょこう) 여행	日(ひ)にち 날, 날짜
決(き)まる 정해지다, 결정되다	頃(ごろ) 쯤, 경, 무렵
降(ふ)る 내리다	つもり 생각, 예정
伝統(でんとう) 전통	文化(ぶんか) 문화
体験(たいけん) 체험	食(た)べ物(もの) 음식
特(とく)に 특히	プルコギ 불고기
夜景(やけい) 야경	スポット 스폿, 지점
ソウルタワー 서울타워	東京(とうきょう)タワー 도쿄타워
山(やま) 산	違(ちが)う 다르다

문형연습

1 ~ことにする

彼女とわかれる

国へ帰る

夏休みに日本へ行く

パソコンが古いので新しく買う

+ { ことにする。
ことにしました。
ことにした。 }

2 ~し

この店はうまいし、値段も手頃です。

冬休みには富士山へも行ったし、北海道へも行ってきました。

この町は静かだし、景色もいいです。

この本は内容も難しいし、漢字も多いです。

3 ~つもり

休み中はアルバイトをするつもりです。

卒業後には就職するつもりです。

英語はもう勉強しないつもりです。

お正月には国へ帰るつもりです。

4 ~たら

18歳になったら、お酒を買うことができます。

授業が終わったら、すぐ行きます。

目的地に着いたら、シートベルトをはずしてください。

暑かったら、ドアを開けてください。

新しい単語

わかれる 헤어지다	旅行(りょこう) 여행	古(ふる)い 낡다, 오래되다
うまい 맛있다	値段(ねだん) 가격	手頃(てごろ) 적합함, 어울림
景色(けしき) 경치	卒業(そつぎょう) 졸업	お正月(しょうがつ) 설날
終(お)わる 끝나다	開(あ)ける 열다	目的地(もくてきち) 목적지

 **문법설명**

1 ～ことにする

접속형태 : V원형 + ことにする

　　　　　 Vナイ형 + ない + ことにする

「～ことにする」는 어떠한 행위를 자신의 결심에 의해 결정했다는 의미를 나타내는 표현으로 '～기로 하다'로 해석한다. 앞의 Chapter18에서 학습했던 「～ことになる」와는 반대되는 의미를 나타낸다. 즉, 「～ことにする」는 자율적 결정에 따른 결과를 의미하며, 「～ことになる」는 자연적인 결과를 나타내는 표현이다.

例 日本語の勉強を始めることにしました。　　일본어 공부를 시작하기로 했습니다.
　来月、中国に行くことにしました。　　　　다음 달 중국에 가기로 했습니다.
　冬休みには韓国へ帰らないことにしました。

　　　　　　　　　　　　　　　　겨울 방학에는 한국에 돌아가지 않기로 했습니다.
　電子辞書を買わないことにしました。　　전자사전을 사지 않기로 했습니다.

2 ～し

「～し」는 우리말의 「～하고」에 해당하는 말로 두 문장을 접속해서 복수의 사항을 병렬할 때 쓰인다. 하지만 「～し」는 시간적인 순서를 이야기할 때는 사용할 수 없다.

例 この店はお肉もおいしいし、果物も新鮮です。

　　　　　　　　　　　　　　이 가게는 고기도 맛있고 과일도 신선합니다.
　夏休みには日本へも行ったし、中国へも行きました。

　　　　　　　　　　　　　　여름 방학에는 일본에도 가고 중국에도 갔습니다.
　この部屋は静かだし、日当たりもいいです。　이 방은 조용하고 별도 잘 듭니다.
　今日は雪だし、寒いです。　　　　　　　오늘은 눈도 오고 춥습니다.

3 ｜ ～つもり

접속형태　V원형 ＋ つもり

　　　　　　Vナイ형 ＋ ない ＋ つもり

「つもり」는 우리말의 '～예정' '～생각'을 나타내는 말로 화자의 '결의' '의도'를 나타내는 표현이다. 일반적으로 「つもり」는 다른 사람에게 자신의 의도를 전달할 때 사용한다.

> 例　日曜日は家でゆっくり休むつもりです。　　일요일은 집에서 푹 쉴 생각입니다.
> 　　来月からアルバイトをするつもりです。　　다음 달부터 아르바이트를 할 생각입니다.
> 　　卒業後、国へ帰るつもりですか。　　　　　졸업 후 고향으로 돌아가실 생각인가요?
> 　　今、何をするつもりですか。　　　　　　　지금 무엇을 하실 생각이신가요?

4 ｜ ～たら(조건표현)

접속형태　V夕형, A夕형, Na夕형, N夕형 ＋ たら

일본어의 조건표현에는 앞의 Chapter19에서 학습했던 「～なら」이외에 「～と」「～ば」「～たら」가 있다. 이 중 「～たら」는 다른 표현에 비해 시제에 관한 제약이 적은 것이 특징이다(조건표현의 상세한 사항은 문법사항을 참조).

> 例　バイトが終わったら、すぐ帰ります。　　　아르바이트가 끝나면 곧장 돌아가겠습니다.
> 　　休みになったら、アメリカに行きたい。　　방학이 되면 미국에 가고 싶다.
> 　　これでよかったら、どうぞ。　　　　　　　이것으로 괜찮으시다면 쓰세요.
> 　　寒かったら、暖房をつけてください。　　　춥다면 난방을 켜 주세요.

新しい単語

電子辞書(でんしじしょ) 전자사전	美味(おい)しい 맛있다	果物(くだもの) 과일
新鮮(しんせん)だ 신선하다	日当(ひあ)たり 볕이 듦	暖房(だんぼう) 난방
つける 켜다		

연습문제

✎1 주어진 말을 사용하여 보기와 같이 문장을 완성하시오.

> 보기 夏休みに何をしますか。　　　　　　　　　　＜アルバイトをする＞
> ⇨夏休みにはアルバイトをするつもりです。

❶ 卒業後、何をするつもりですか。　　　　　　　　　　＜就職する＞

　➡

❷ お正月には何をするつもりですか。　　　　　　　　　＜国に帰る＞

　➡

❸ 卒業したら、どうしますか。　　　　　　　　　　　　＜進学する＞

　➡

❹ 会社はどうしますか。　　　　　　　　　　　　　　　＜やめる＞

　➡

❺ 冬休みには何をするつもりですか。　　　　　　　　　＜旅行に行く＞

　➡

✎2 다음 보기와 같이 문장을 완성하시오.

> 보기 お金がある / パソコンを買う
> ⇨お金があったら、パソコンを買います。

❶ 就職する / 引っ越す

　➡

❷ 授業が終わる / デートに行く

　➡

❸ 車がある / ドライブに行きたい

　➡

❹ 暑い / 窓を開けてください

　➡

❺ バイトが終わる / 事務室に来てください

　➡

✎**3** 다음 문장을 일본어로 작문하시오.

❶ 일본에 가기로 했습니다.

　➡

❷ 9월정도가 될 것으로 생각합니다.

　➡

❸ 비가 내리는 일도 있습니다.

　➡

❹ 전화번호를 알려 주세요.

　➡

❺ 야경을 본다면 도쿄타워가 좋다고 생각합니다.

　➡

山本　今度、家族旅行で韓国へ(❶　　　　　　　　　　　　)。

朴　　そうですか。いつ行くんですか。

山本　(❷　　　　　)はまだ(❸　　　　　　　　)ですが、12月頃になると思います。

　　　韓国の12月はどうですか。(❹　　　　　　　　　　)。

朴　　韓国は12月になると、寒くなります。雪が(❺　　　　　　　　　　)し…。

　　　韓国でどこへ行くつもりですか。ソウルですか、釜山ですか。

山本　ソウルです。韓国に行ったら、(❻　　　　　　　　　)が体験できるところへ

　　　行きたいです。また、おいしい食べ物も食べたいです。特にプルコギ

　　　とキムチは(❼　　　　　　　　　)です。

朴　　プルコギはおいしいですね。私も好きです。

山本　それから、ソウルの夜景も見に行きたいです。夜景で有名なスポット

　　　を(❽　　　　　　　　　)。

朴　　夜景を見るなら、ソウルタワーがいいですよ。ソウルタワーは東京タ

　　　ワーと違って山の上にありますので、ソウルの夜景が(❾

　　　　　　　　　)。

山本　そうですか。(❿　　　　　　　　　　　)。

Grammar Point

조건표현

· 조건표현

このボタンを押すと、切符が出ます。	이 버튼을 누르면 표가 나옵니다.
安ければ、買います。	싸다면 사겠습니다.
休みになったら、日本へ旅行に行きます。	방학이 되면 일본에 여행하러 갑니다.
新しいパソコンを買うなら、この店が安いです。	새 컴퓨터를 산다면, 이 가게가 쌉니다.

일본어의 조건표현에는 「〜と」「〜ば」「〜なら」「〜たら」가 있다. 조건표현이란 앞 부분의 내용이 실현되지 않은 상태에서 그것을 가정하여 말하는 경우 등에 사용하는 표현인데 위의 네 가지 표현이 모두 우리말로는 모두 '〜한다면' '〜라면'에 해당하기 때문에 주의가 필요한 문법사항이다.

1. 「〜と」

'전항'이 성립한 상황이라면 항상 '후항'이 성립할 때 사용되는 표현이다. 일반적으로 「〜ば」와 바꾸어 쓸 수 있다.

접속	동사	行く 書く 起きる する	⇨	行くと 書くと 起きると すると
	형용사	大きい 寒い	⇨	大きいと 寒いと
	형용동사	きれいだ まじめだ	⇨	きれいだと まじめだと
	명사	船 車	⇨	船だと 車だと

夏になる	と	暑くなる
전항		후항

春になると、花が咲きます。　　봄이 되면 꽃이 핍니다.
この道をまっすぐ行くと、本屋が出ます。　이 길을 곧장 가면 책방이 나옵니다.
お酒を飲むと、顔が赤くなります。　술을 마시면 얼굴이 빨개집니다.
この道を曲がると、駅があります。　이 길을 돌면 역이 있습니다.

「〜と」는 '진리' 혹은 사회적인 '도리' '진실' '속담' 등의 의미를 나타내기 때문에 사람의 의지, 의뢰, 명령, 허가 등의 문장은 후항에 올 수 없다.

2. 「〜ば」

「〜ば」는 「〜と」와 같이 사회적인 '도리', 일반적 '진실' '속담' 등의 의미를 나타낸다. 또한 「〜ば」의 전항조건이 성립하면 후항이 성립한다는 개념이 강하며, 전항의 동사가 동작동사일 경우 「〜と」와 같이 의지, 의뢰, 명령, 허가 등의 문장이 후항에 올 수 없다. 그러나 상태동사, 가능동사, 형용사의 경우는 가능하다.

접속	5단 동사	行く 書く 話す 待つ	⇨	行けば 書けば 話せば 待てば
	1단 동사	食べる 起きる	⇨	食べれば 起きれば
	변격동사	する 来る	⇨	すれば 来(く)くれば
	형용사	赤い 悲しい	⇨	赤ければ 悲しければ

春になれ	ば	花が咲く
전항		후항

雨が降れば、競技は中止になるでしょう。　비가 오면 경기는 중지되겠지요.
メガネをかければ、明るく見えます。　안경을 쓰면 밝게 보입니다.
高くなければ、買いたいです。　비싸지 않으면 사고 싶습니다.

よく話せば、わかると思います。　　　　　　잘 이야기하면 이해할 것이라고 생각합니다.

3. 「～たら」

「～たら」는 시제에 자유로우며, 전항이 성립한 시점에서 후항이 성립한다. 또한 후항에는 명령, 의지, 추량, 희망의 표현이 올 수 있다.

접속	5단 동사	行く 書く 話す 待つ	⇨	行ったら 書いたら 話したら 待ったら
	1단 동사	食べる 起きる	⇨	食べたら 起きたら
	변격동사	する 来る	⇨	したら 来(き)たら
	형용사	赤い 悲しい	⇨	赤かったら 悲しかったら
	형용동사	静かだ まじめだ	⇨	静かだったら まじめだったら
	명사	学生	⇨	学生だったら

卒業し	たら	日本に行こうと思います
전항		후항

授業が終わったら、すぐ家に帰ります。　　　수업이 끝나면 곧장 집으로 돌아갑니다.
荷物が重かったら、私にください。　　　　　짐이 무거우면 저에게 주세요.
気分が悪かったら、向こうで休んでください。　컨디션이 안 좋으면 저쪽에서 쉬세요.
給料をもらったら、一杯飲みに行きましょう。　급료를 받으면 한잔하러 갑시다.

4. 「～なら」

「～たら」가 전항이 성립한 후에 후항이 성립하는 것에 비해 「～なら」는 전항이 일어나기 전에 후항이 일어나는 것이 일반적이다.

접속	동사	行く 書く 起きる する	⇨	行くなら 書くなら 起きるなら するなら
	형용사	大きい 寒い	⇨	大きいなら 寒いなら
	형용동사	きれいだ まじめだ	⇨	きれいなら まじめなら
	명사	船 車	⇨	船なら 車なら

日本へ留学に行くなら、日本語を勉強したほうがいいです。
　일본에 유학 간다면 일본어를 공부하는 편이 좋습니다.
電子辞書を買うなら、駅前の店が安いと思います。
　전자사전을 산다면 역 앞의 가게가 싸다고 생각합니다.
韓国に行くなら、アシアナ航空が安いと思います。
　한국에 간다면 아시아나항공이 싸다고 생각합니다.
富士山へ行くなら、運動靴が必要になると思います。
　후지산에 간다면 운동화가 필요할 것이라고 생각합니다.

MEMO

chapter 21 地下鉄で足を踏まれました。

🎧 기본회화

鈴木 李さん、元気がないですね。大丈夫ですか。

李　あ、はい。今日はいろんなことがあって…。

鈴木 どうしましたか。何かありましたか。

李　朝寝坊をして急いで家を出ましたが、財布を持ってこなかったので、一回家に戻ってきました。

鈴木 私も時々財布とか家のカギとかを忘れることがあります。

本当に大変な一日でしたね。

李 　それだけではないですよ。地下鉄の中では隣の人に足を踏まれました。

鈴木 痛くありませんでしたか。

李 　ええ、痛かったです。また、学校では授業中に友達から携帯電話がか

　　かってきて、林先生に叱られました。

鈴木 あの文学部の先生ですか。林先生だけではなく、文学部の先生は皆厳し

　　いですからね。本当に大変な1日でしたね。

新しい単語

元気(げんき) 기운, 기력, 건강함	いろんな 여러 가지, 갖가지
朝寝坊(あさねぼう) 늦잠	急(いそ)ぐ 서두르다
カギ 열쇠	財布(さいふ) 지갑
隣(となり) 옆, 곁	忘(わす)れる 잊다, 잊어버리다
踏(ふ)む 밟다	足(あし) 발
授業中(じゅぎょうちゅう) 수업중	痛(いた)い 아프다
携帯(けいたい) 휴대	電話(でんわ) 전화
叱(しか)る 꾸짖다, 나무라다	掛(か)かる 걸리다
文学部(ぶんがくぶ) 문학부	厳(きび)しい 엄하다, 험하다

📖 문형연습

1 | AとかBとか

家事とか育児に追われて、仕事ができる状態ではないです。

電話とかメールでも結構です。

聞き取りを練習するとか漢字を勉強したほうがいいです。

たまには音楽を聞くとか映画を見るとか運動をしましょう。

2 | ～だけ

これだけあなたのことが好きだ。

今、信じられるのはあなただけです。

これだけは真実だと思います。

やれるだけやってみましょう。

3 | ～れる/られる(수동)

犬に噛まれました。

先生に叱られました。

お金を盗まれた。

恋人に捨てられた。

新しい単語

家事(かじ) 가사, 집안일	育児(いくじ) 육아	追(お)う 쫓다
状態(じょうたい) 상태	結構(けっこう)だ 좋다, 충분하다	聞(き)き取(と)り 듣기
練習(れんしゅう) 연습	信(しん)じる 믿다	真実(しんじつ) 진실
噛(か)む 물다, 깨물다	盗(ぬす)む 훔치다, 도둑질하다	

문법설명

1　いろんな

「いろんな」는 우리말의 '여러 가지, 갖가지' 등의 의미를 나타내는 말로 「色々(いろい
ろ)」의 구어적인 표현이다. 「いろいろ」는 형용동사적용법과 부사적용법으로 쓰이지만
「いろんな」는 연체사로 사용된다.

연체사란 활용이 없으며 오로지 체언만을 수식하는 어휘를 이야기한다. 연체사에는
「この/その/あの/どの」를 비롯하여 「大きな/小さな/こんな/そんな」 등을 들 수 있다.

> 例　インドでいろんなものを買ってきました。　　인도에서 여러 가지 물건을 사 왔습니다.
> 　　そんなことは言わないでください。　　　　　그런 말은 하지 말아 주세요.

2　AとかBとか

「とか」는 우리말의 '~라든가'에 해당하는 말로 사물, 상태, 동작을 열거할 때 쓰는
표현으로 약간 속어처럼 들릴 수 있기 때문에 주의할 필요가 있다.

접속	명사	N ＋ とか	学生とか先生とか
	동사	V원형 ＋ とか	勉強するとか家で遊ぶとか

> 例　未来のために英語の勉強とか日本語の勉強をしたほうがいいと思います。
> 　　미래를 위해 영어공부라든지 일본어공부를 하는 편이 좋다고 생각합니다.
> 　　外車とか国産車とか言わないで、まず運転免許から取りなさい。
> 　　외제차라든지 국산차라든지 이야기하지 말고 먼저 운전면허부터 따세요.

3　～だけ

「～だけ」는 우리말의 '~뿐, ~만, ~만큼'의 의미를 나타내는 표현이다.

例 君だけに話します。 　　　　　　　　　당신에게만 이야기하겠어요.
　　あなたと二人だけで話がしたいです。 　　당신과 둘이서만 이야기를 하고 싶어요.
　　できるだけやってみます。 　　　　　　　가능한 한 해 보겠습니다.

「だけ」의 용법은 위에서 설명한 것 이외에 다음과 같은 용법이 존재한다.
「だけの～はある」「だけあって」「だけに」의 꼴로 '～답게, ～한 만큼'의 의미를 나타낸다.

例 一所懸命に努力するだけあって、すばらしい進歩ですね。
　　열심히 노력한 것만큼 굉장한 진보이군요.

또한 「これ/それ/あれ/どれ」와 접속하여 강조의 의미를 나타낸다.

例 それだけは君に敗けたくない。 　　　그것만큼은 너에게 지고 싶지 않다.
　　これだけはやってみたいです。 　　　이것만큼은 해 보고 싶습니다.

4 　授業中

일본어에서는 「中」이 명사에 접속하여 접미사적용법으로 사용되는 경우 「ちゅう」와
「じゅう」로 발음되게 된다. 이 때 「ちゅう」와 「じゅう」는 다음과 같은 의미를 갖는다.

「ちゅう」	기간이나 범위를 나타내며 그것이 지금 계속되고 있다는 의미를 나타낸다. 우리말의 '진행중' '기간내'로 해석할 수 있다.	授業中(じゅぎょうちゅう)	수업 중
		作業中(さぎょうちゅう)	작업(기간) 중
		会議中(かいぎちゅう)	회의 중
		休み中(やすみちゅう)	방학(기간) 중
「じゅう」	어떠한 기간이나 범위를 한정할 때 나타내며, 우리말의 '모두가' '내내'와 같은 말로 해석할 수 있다.	世界中(せかいじゅう)	온 세계
		一年中(いちねんじゅう)	1년 내내
		一日中(いちにちじゅう)	하루 종일
		休み中(やすみじゅう)	방학(기간)동안 내내

5 **~れる/られる**(수동)

일본어에서는 「れる·られる」를 이용하여 수동태(受け身)를 만들 수 있다. 수동태를
만드는 방법은 5단동사의 경우 'Vナィ형'에 「れる」를 접속시킨다. 1단동사의 경우는
'Vナィ형'에 「られる」를 접속시킨다. 또한 변격동사 「来る」역시 'Vナィ형'에 「られる」를
접속시킨다. 하지만 「する」는 「される」가 되는 것에 주의해야 한다.

접속	5단동사	行く 飲む	行かナィ ＋ れる 飲まナィ ＋ れる	行かれる 飲まれる
	1단동사	見る 食べる	見ナィ ＋ られる 食べナィ ＋ られる	見られる 食べられる
	변격동사	来る	来(こ)ナィ ＋ られる	来られる
		する		される

新しい単語

外車(がいしゃ) 외제차	国産車(こくさんしゃ) 국산차
運転免許(うんてんめんきょ) 운전면허	一所懸命(いっしょけんめい) 열심히
努力(どりょく) 노력	進歩(しんぽ) 진보

연습문제

1 보기와 같이 주어진 단어를 괄호 안에 알맞은 형태로 넣으시오.

> **보기** 週末には映画を(見る)とか音楽を(聞く)とか絵を描きます。 ＜見る＞＜聞く＞

❶ 休みの日は公園を(　　　　　　)とか(　　　　　　)とか子供と遊びます。

＜散歩する＞　＜旅行をする＞

❷ (　　　　　　)とか(　　　　　　)とかメールでもかまいません。

＜電話＞　　＜郵便＞

❸ 寒い日には(　　　　　　)とか(　　　　　　)とか味噌汁のような温かいもの
がいいと思います。　　　　　　　　＜うどん＞　＜ラーメン＞

❹ 将来のため(　　　　　　)とか韓国語を勉強したほうがいい。

＜日本語＞

❺ 健康のためにはタバコを(　　　　　　)とか(　　　　　　)とかお
酒をやめるほうがいいです。　　　　＜やめる＞　＜運動をする＞

2 다음 문장을 보기와 같이 완성하시오.

> **보기** 英語の先生が私をしかりました。
> ⇨私は英語の先生にしかられました。

❶ 社長は私を呼びました。

➡

❷ (カンニングして) 先生が私の答案用紙をやぶりました。

➡

❸ 彼女が私を捨てました。

   ➡

❹ 弟が私をなぐりました。

   ➡

❺ だれかが私を押しました。

   ➡

✎3 다음 문장을 일본어로 작문하시오.

❶ 늦잠을 자서 급하게 집을 나왔습니다.

   ➡

❷ 집 열쇠라든가 리포트를 깜빡하는 경우가 있습니다.

   ➡

❸ 버스에서 발을 밟혔습니다.

   ➡

❹ 수업 중에 그녀에게서 전화가 걸려왔습니다.

   ➡

❺ 하야시 선생님에게 혼났습니다.

   ➡

✎4 다음 문장을 듣고 빈칸을 알맞게 채우시오.

鈴木 李さん、元気がないですね。大丈夫ですか。

李　あ、はい。今日は(❶　　　　　　　　　　)あって……。

鈴木 どうしましたか。何かありましたか。

李　(❷　　　　　　　)をして急いで家を出ましたが、財布を持ってこなかった

　　(❸　　　　　　　)、一回家に戻ってきました。

鈴木 私も時々(❹　　　　　　　　)家のガキとかを忘れることがあります。

李　それだけではないですよ。地下鉄の中では隣の人に(❺

　　　　　　　　)。

鈴木 痛くありませんでしたか。

李　はい、痛かったです。また、学校では授業中に友達から携帯電話が

　　(❻　　　　　　　　　　)、林先生に叱られました。

鈴木 あの、文学部の先生ですか。林先生だけではなく、文学部の先生は皆

　　(❼　　　　　　　　　)ね。本当に大変な1日でしたね。

Grammar Point — 수동표현

· 수동표현

수동표현이란?

수동표현이란 어떠한 일이나 상황(동작의 결과)이 자신의 의지가 아닌 다른 것의 작용에 의해 이루어진 것을 뜻한다.

1. 일본어 수동표현 만드는 방법

일본어에서 수동표현을 만드는 방법은 동사의 종류에 따라 「れる」가 접속하는 형태와 「られる」가 접속하는 형태로 나눌 수 있다. 조동사 「れる/られる」는 Chapter19의 가능표현을 만드는 방법에서 학습하였으나 여기에서 다시 한번 확인해 두자!

먼저 5단동사는 V ナィ형에 조동사 「れる」를 접속시킨다.

V 원형		V ナィ + れる		수동형
噛む	→	噛ま ナィ + れる	→	噛まれる

1단동사는 동사의 V ナィ형에 조동사 「られる」를 접속시킨다.

V 원형		V ナィ + られる		수동형
食べる	→	食べ ナィ + られる	→	食べられる

변격동사의 경우 「来(く)る」는 V ナィ형에 조동사 「られる」를 접속시키지만 「する」는 「される」로 변화하므로 주의해야 한다.

또한 「ある/できる」와 같이 수동태가 될 수 없는 동사가 존재하는 것에도 주의할 필요가 있다.

2. 「れる/られる」의 다양한 의미

이와 같이 「れる/られる」를 접속하여 다양한 의미로 해석할 수 있는 이유는 「れる/られる」라는 조동사에 '수동' '가능' '존경' '자발'의 의미가 있기 때문이다. 따라서 「れる/られる」라는 조동사가 나왔을 때에는 전후 문맥과 어떠한 조사가 사용되고 있는지 파악하여 해석할 필요가 있다.

★★ れる・られる 「가능(可能)・수동(受け身)・존경(尊敬)・자발(自発)」★★

① 私はハンバーガーが食べられます。　　나는 햄버거를 먹을 수 있습니다.　　(가능)
② バスで人に押されました。　　버스에서 (다른)사람에게 밀렸습니다.　　(수동)
③ 先生は学校に来られましたか。　　선생님은 학교에 오셨나요?　　(존경)
④ この山を見ると故郷が思い出される。　　이 산을 보면 고향이 생각난다.　　(자발)

3. 수동태의 대상

수동태는 크게 '사람이 대상이 되는 경우' '신체의 일부분이 대상이 되는 경우' '소유물이 대상이 되는 경우'로 나눌 수 있다.

· 사람이 대상이 되는 경우

'개가 야마모토(山本)씨를 물었다'라는 능동표현을 '야마모토씨는 개에게 물렸다'와 같은 수동표현으로 바꾸기 위해서는 아래와 같이 바꾸면 된다.

능동	犬が	山本さんを	噛んだ。
수동	山本さんは	犬に	噛まれた。

· 신체의 일부분이 대상이 되는 경우

| 능동 | となりの人が | 私の | 足を | 踏んだ。 |
| 수동 | 私は | となりの人に | 足を | 踏まれた。 |

· 소유물이 대상이 되는 경우

| 능동 | 弟が | 私の | パンを | 食べた。 |
| 수동 | (私は) | 弟に | パンを | 食べられた。 |

4. 피해수동(迷惑受け身)

일반적으로 수동태는 타동사를 이용하여 수동태를 만든다. 그러나 일본어의 경우 자동사
로도 수동태를 만들 수 있는데 이와 같은 수동태를 피해수동(迷惑受け身)이라고 한다.
피해수동(迷惑受け身)은 어떠한 결과의 영향을 받은 사람이 '곤혹스럽다' 혹은 '피해를
입었다'라는 뉘앙스를 나타낸다.

雨に降られました。　　비를 맞았습니다.
母に死なれました。　　어머니가 돌아가셨습니다.

chapter 22 韓国では無理やりに お酒を飲ませることがあります。

🎧 기본회화

金　田中さん、今どこへ行きますか。

田中　スピーチ大会の準備をしに学生会館に行きます。来週、東京で韓国語の
　　　スピーチ大会が開かれます。私と木村さんが学校の代表として選ばれま
　　　した。

金　そうですか。おめでとうございます。何についてスピーチするつもりですか。

田中　私はお酒の文化について話そうと思っています。

金　おもしろいトピックですね。どんな内容ですか。

田中 　韓国では無理やりにお酒を飲ませることがありますが、それについてです。内容はおもしろいと思いますが、お酒関連の用語がとてもむずかしくて困っています。

金 　　普段使わない言葉ですからね。

田中 　はい。それで、先生は私にその用語を全部覚えさせました。

金 　　大変ですね。わたしにも何か手伝わせてください。

田中 　いいですか。それでは、私がスピーチする文章を一度見てくださいませんか。

金 　　いいですよ。

新しい単語

スピーチ 스피치	大会(たいかい) 대회
準備(じゅんび) 준비	会館(かいかん) 회관
代表(だいひょう) 대표	選(えら)ぶ 뽑다
おめでとうございます 축하합니다	～について ～에 대해
文化(ぶんか) 문화	トピック 토픽, 주제
内容(ないよう) 내용	無理(むり)やりに 억지로, 강제로
お酒(さけ) 술	関連(かんれん) 관련
用語(ようご) 용어	困(こま)る 어려움을 겪다, 곤란하다
普段(ふだん) 보통	言葉(ことば) 말, 언어
覚(おぼ)える 외우다, 기억하다	手伝(てつだ)う 도와주다, 거들다
文章(ぶんしょう) 문장, 글	一度(いちど) 한 번

1 ~に行く

新宿へ映画を見に行きます。

買い物をしに行きます。

お酒を飲みに行きましょう。

外食をしに行きます。

2 ~について

韓国の文化について勉強しようと思っています。

一人について500円です。

日本のアニメについて教えてください。

この件については私に任せてください。

3 ~せる/させる (사역)

先生は皆に漢字を覚えさせました。

先輩は後輩に歌の練習をさせました。

私は弟を買い物に行かせました。

母は勉強のため私を日本に行かせました。

4 ~から

日本語を勉強しに来たからね。

田中先生は厳しいからね。

そんな難しい言葉は普段使わないからね。

あなたしかいないから。

5 | 覚える

君が言ったことをはっきり覚えています。

彼女の名前は覚えています。

今やっている仕事を早く覚えてください。

肩の痛みを覚えました。

何をしていますか。

韓国語の勉強をしています。

新しい単語

はっきり 분명히, 확실히　　　　肩(かた) 어깨

문법설명

1 ～に行く

접속형태 : Vマス형＋に行く

「～に行く」는 우리말의 '～하러 가다'에 해당하는 말로 행위의 목적을 나타내는 표현
이다. 이 때 「に」의 전항은 'Vマス형'과 접속하며 「に」후항의 동사는 「行く/来る/帰る/入
る/戻る」와 같이 왕래(往来)를 나타내는 동사와 접속한다.

例 明日、会議をしに日本に行きます。　　　내일 회의하러 일본에 갑니다.
財布を取りに戻ってきました。　　　　지갑을 가지러 돌아왔습니다.
買い物をしにデパートへ行きます。　　쇼핑하러 백화점에 갑니다.
勉強しに韓国へ来ました。　　　　　　공부하러 한국에 왔습니다.

2 ～について

「～について」는 다음과 같이 두 가지로 해석할 수 있다.

① '～에 대해' '～에 대해서'
② '～마다' '～당'

①의 「ついて」는 「関(かん)して」와 유사한 의미를 나타내는 표현이며, ②의 「ついて」는
'하나 하나'의 의미를 나타내는 '～마다'로 해석할 수 있는 표현이다.

例 日本文化については山本さんに聞いたほうがいいと思います。
일본문화에 대해서는 야마모토씨에게 묻는 편이 좋다고 생각합니다.
これ一個について5000ウォンです。
이것 한 개당 5000원입니다.

3 ~せる/させる (사역)

사역표현이란 '~에게 ~을 시키다'라고 하는 표현이다. 사역표현을 만드는 방법은 5단동사의 경우 'V_{ナイ형}'에 「せる」를 1단동사의 경우는 'V_{ナイ형}'에 「させる」를 접속시킨다. 변격동사의 경우 「来る」는 'V_{ナイ형}'에 「させる」를 접속시키며, 「する」는 「させる」로 변화한다.

> 例 学生にカタカナを書かせました。　　学생들에게 카타카나를 쓰게 했습니다.
> 娘をアメリカへ留学させました。　　딸을 미국에 유학시켰습니다.

4 ~から

「から」의 의미는 다른 조사보다 다양한 것이 그 특징이다. 「から」는 '~부터' '~에서'와 같이 그 시작을 나타내는 의미를 갖는데, 동작이나 작용을 나타내는 어휘와 접속하는 경우에는 기점을 나타내는 의미로 사용되며, 원인이나 이유 근거 또는 재료의 구성을 나타내기도 한다. 또한 문장 마지막에 접속하여 전항에서 언급한 사항에 관한 결과 혹은 이유를 설명하는 용법도 있다.

> 例 授業は3時から始まります。　　수업은 3시부터 시작합니다.
> 窓から冷たい風が入ってくる。　　창문에서 차가운 바람이 들어온다.
> 日本酒は米からつくります。　　일본술은 쌀로 만듭니다.
> 授業が終わってから遊びに行きます。　　수업이 끝나고 나서 놀러 갑니다.
> ただではすまないからね。　　그냥은 끝나지 않을 테니까.
> ヘビは怖いですからね。　　뱀은 무서우니까.

5 覚える

「覚える」는 '기억하다' '외우다' '익히다' '느끼다'의 의미를 나타낸다. 문맥을 통해 의미를 구분할 필요가 있다.

> 例 彼女のことならよく覚えています。　　그녀에 관한 것이라면 잘 기억하고 있습니다.

彼は怒りを覚えていた。　　　　　　　　그는 분노를 느끼고 있었다.

この電子辞書の使い方を覚えてください。 이 전자사전의 사용방법을 익히세요.

新しい単語

娘(むすめ) 딸	始(はじ)まる 시작되다	日本酒(にほんしゅ) 일본술, 청주
米(こめ) 쌀	ただ 그냥, 단지	怒(いか)り 분노
使(つか)い方(かた) 사용방법		

✎ 연습문제

✎1 보기와 같이 문장을 완성하시오.

> **보기** 友だちが小説を読みました。
> ⇨友だちに小説を読ませました。

❶ 息子が歌を歌いました。

➡

❷ 夫が本を買いました。

➡

❸ 学生がレポートを書きました。

➡

❹ 漢字を覚えました。

➡

❺ 娘が日本に留学しました。

➡

✎2 보기와 같이 주어진 동사를 괄호 안에 알맞은 형태로 넣으시오.

> **보기** 国に(帰らせました)。　　　　　　　　　　　　　　　<帰る>

❶ 息子を(　　　　　　　　　　　)。　　　　　　　<運動する>

❷ 日本語を(　　　　　　　　　　)。　　　　　　　<習う>

❸ 娘をコンビニで(　　　　　　　　　)。　　　　　<働く>

❹ レポートを英語で(　　　　　　　　　　　　　　　　　)。　　　　＜書く＞

❺ 夫を朝早く(　　　　　　　　　　　　　　　)。　　　　＜起こす＞

✎3 다음 문장을 일본어로 작문하시오.

❶ 다음 달에 일본에서 스피치대회가 열립니다.

　　➡

❷ 일본문학에 대해서는 김 선생님에게 물어 보세요.

　　➡

❸ 한국의 문화에 대해 이야기할 생각입니다.(つもり)

　　➡

❹ 선생님이 한자를 모두 암기시키셨습니다.

　　➡

❺ 강아지는 너무 귀여우니까요.

　　➡

✎4 다음 문장을 듣고 빈칸을 알맞게 채우시오.

> 金　田中さん、今どこへ行きますか。
>
> 田中　スピーチ大会の準備を(❶　　　　　　　　　　　　　　　　　)。来週、東京で
> 　　　韓国語のスピーチ大会が開かれます。私と木村さんが学校の代表とし
> 　　　て選ばれました。
>
> 金　そうですか。おめでとうございます。何について(❷
> 　　　　　　　　　　)。
>
> 田中　私はお酒の文化について(❸　　　　　　　　　　　　　　)。
>
> 金　おもしろいトピックですね。どんな内容ですか。
>
> 田中　韓国では無理やりにお酒を(❹　　　　　　　　　)が、それにつ
> 　　　いてです。内容はおもしろいと思いますが、(❺　　　　　　)の用語
> 　　　がとてもむずかしくて困っています。
>
> 金　普段使わない言葉ですからね。
>
> 田中　はい。それで、先生は私に(❻　　　　　　　　　　　)。
>
> 金　大変ですね。わたしにも何か(❼　　　　　　　　　)。
>
> 田中　いいですか。それでは、私がスピーチする文章を一度見てくださいま
> 　　　せんか。
>
> 金　いいですよ。

Grammar Point

사역표현

· 사역표현

사역표현이란 '~을 시키다'라는 의미이다. 그러나 사역표현에는 '~을 시키다'라는 의미이외에 '존경'과 '방임'의 의미가 있다는 것을 기억할 필요가 있다.

일본어로 사역표현을 만드는 방법은 'Vナ_{イ형}'에, 5단동사는 「せる」를 1단동사와 변격동사 「来る」는 「させる」를 접속시킨다. 단 「する」의 경우는 「させる」로 변하는 것에 주의해야 한다.

① 5단동사의 경우

V_{원형}	V_{ナイ형}＋せる	사역형
行く	行かナイ＋せる	行かせる
飲む	飲まナイ＋せる	飲ませる
走る	走らナイ＋せる	走らせる

学生に本を読ませました。　학생에게 책을 읽혔습니다.
お酒を飲ませた。　술을 마시게 했다.

② 1단동사와 변격동사 「来(く)る」「する」의 경우

V_{원형}	V_{ナイ형}＋させる	사역형
食べる	食べナイ＋させる	食べさせる
見る	見ナイ＋させる	見させる
来る	来(こ)ナイ＋させる	来させる
する		させる

子供に野菜を食べさせました。　아이들에게 야채를 먹였습니다.
学生に勉強させました。　학생에게 공부시켰습니다.

이 이외에 사역표현에는 방임의 의미를 나타내는 용법이 있다. 방임표현이 중요한 이유는 「説明させていただきます」(설명드리겠습니다)와 같이 자신의 행위를 낮추어 이야기 할 수 있는 표현을 만들 수 있기 때문이다. 따라서 경어를 학습하는 경우 사역표현과 수동표현이 중요한 위치를 차지한다.

今度の出張は私に行かせてください。　이번 출장은 제가 가게 해주세요.
この仕事は私にやらせてください。　이 일은 제가 하게 해 주세요.

🎧 기본회화

木村 いつも笑顔の山本さんなのに、珍しく元気がないようですね。何かあっ

たんですか。

金　あ、先日彼女にふられたらしいですよ。

木村 彼女とは仲がよかったんじゃありませんか。どうしてですか。

金　彼女に結婚相手ができたらしいです。

木村 本当ですか。ひどいですね。

金　はい、そのせいか毎日お酒を飲むらしいです。

木村 山本さんはお酒が弱いんじゃないですか。

金　私が知っている限りではビール2杯が限界ですが･･･。

木村　毎日お酒ばかり飲んでは体を壊してしまうのに･･･。

金　山本さんは彼女と結婚まで考えたから、けっこうショックが大きいと思います。

木村　もしかして、彼女が初恋でしたか。

金　よく分かりませんが、7年以上付き合ったと聞きました。

木村　そうですか。本当に残念なことですね。

新しい単語

笑顔(えがお) 웃는 얼굴	ようだ ～인 듯하다
先日(せんじつ) 지난날, 요전날	ふる 차다
仲(なか)がいい 사이가 좋다	どうして 왜, 어째서
結婚(けっこん) 결혼	相手(あいて) 상대
できる 생기다	らしい ～인 듯하다
ひどい 심하다, 지독하다	せい 탓
限(かぎ)り ～인 한	限界(げんかい) 한계
壊(こわ)す 망가뜨리다	ショック 쇼크, 충격
もしかして 설마, 혹시	初恋(はつこい) 첫사랑
以上(いじょう) 이상	付(つ)き合(あ)う 사귀다

문형연습

1 ～ようだ

田中さんは合格してうれしいようです。

もう3時ですか。彼は今日来ないようですね。

彼はこの話をどこかで聞いたようです。

金さんは昨日だいぶ飲んだようですね。

2 ～らしい

鈴木さんは来週日本へ行くらしいです。

今、雨が降っているらしいですね。

李さんは学校をやめたらしいです。

山田さんは風邪を引いたらしい。

3 ～せい

勉強不足のせいか、JLPTに合格できませんでした。

熱があるせいか、頭がいたいです。

人のせいにしないでください。

気のせいか、あそこに誰かいるような気がします。

4 ～ばかり

あの人は小説が好きで、いつも小説ばかり読んでいる。

ハンバーガーばかり食べていると、太りますよ。

仕事はしないで話してばかりです。

泣いてばかりいないで元気出してください。

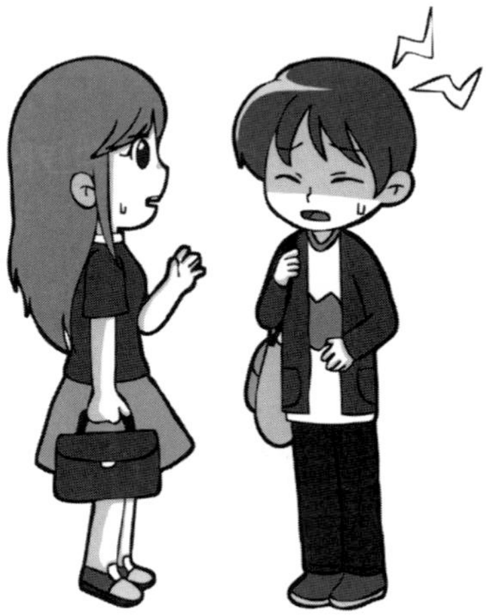

新しい単語

合格(ごうかく) 합격
だいぶ 상당히, 꽤
不足(ふそく) 부족
太(ふと)る 살찌다
泣(な)く 울다

 **문법설명**

1 ～ようだ

접속형태 : A원형, V원형, A夕형, V夕형＋ようだ

양태표현인 「ようだ」는 주로 시각으로 얻은 정보를 체험, 경험에 의거하여 판단한
화자의 추량을 나타낸다. A원형, V원형, A夕형, V夕형에 접속한다.

例 田中さんは合格してうれしいようです。　　다나카씨는 합격해서 기쁜 것 같습니다.
金さんは昨日だいぶ飲んだようですね。　　김씨는 어제 술을 많이 마신 듯 합니다.

2 ～らしい

접속형태 : A원형, Na어간, V원형, A夕형, Na夕형, V夕형＋らしい

양태표현인 「らしい」는 주로 청각으로 얻은 정보로 판단한 화자의 추량으로 「ようだ」
에 비해서 보다 객관적이라 할 수 있다. A원형, Na어간, V원형, A夕형, Na夕형, V夕형과 접속한다.

例 鈴木さんは来週日本へ行くらしいです。
　　스즈키씨는 다음 주에 일본에 가는 것 같습니다.
李さんは学校をやめたらしいです。
　　이씨는 학교를 그만둔 것 같습니다.

3 ～せい

접속형태 : Nの, A원형, Na ナ형, V원형＋せい

「せい」는 우리말의 '탓'의 의미로 사용되는 일본어표현이다. 「せいか」는 '탓인가'의
뜻이다. 「せい」는 N＋の, V원형, A원형, Na ナ형에 접속한다.

例 お腹がいたいせいか、授業に集中できませんでした。
　　배가 아픈 탓인지 수업에 집중할 수 없었습니다.

睡眠不足のせいか、一日中眠かったです。
　　수면부족 탓인지 하루 종일 졸렸습니다.

4 　〜ばかり

「〜ばかり」는 '〜만'의 뜻으로 N과 접속한다. 또 Vテ형과 「ばかりです」「ばかりいる」의 형태로 접속하여 '〜만 하고 있다'는 뜻을 나타낸다. 보통 정도가 넘치거나 많다는 어감을 주며 좋은 의미로 사용되지 않는다.

　例　あの人は小説が好きで、いつも小説ばかり読んでいます。
　　　저 사람은 소설을 좋아해서 언제나 소설만 읽고 있습니다.
　　　仕事はしないで話してばかりです。
　　　일은 하지 않고 이야기만 하고 있습니다.

5 　思い出す(복합동사)

「思い出す」는 「思う」라는 동사와 「出す」라는 동사가 결합되어 생겨난 복합동사이다. 복합동사를 만드는 방법은 먼저 전항동사(V1)를 'Vマス형'으로 만들고 후항동사(V2)를 접속한다.

전항동사(V1)		후항동사(V2)		접속	복합동사	
書(か)く	쓰다	込(こ)む	넣다	書きマス＋ 込む	書き込む	기입하다
切(き)る	자르다	裂(さ)く	찢다	切りマス＋ 裂く	切り裂く	가르다
取(と)る	잡다	除(のぞ)く	제거하다	取りマス＋ 除く	取り除く	제거하다
見(み)る	보다	比(くら)べる	비교하다	見マス＋ 比べる	見比べる	비교해 보다

新しい単語

お腹(なか) 배	集中(しゅうちゅう) 집중	できる 할 수 있다

✎1 다음 문장을 보기와 같이 「ようだ」 또는 「らしい」를 이용하여 양태표현으로 고치시오.

보기 (どなり声がする)お父さんが怒っている
　　⇨お父さんが怒っているらしいです。

❶ (元気がない様子)あの人は疲れている。

　　➡

❷ (サイレンの音が聞こえる)どこかで火事がある。

　　➡

❸ (教室に電気がついている)誰かいる。

　　➡

❹ (雨の音がする)雨が降る。

　　➡

❺ (大きい声で話す)あの人たちはけんかをしている。

　　➡

✎2 다음과 보기와 같이 복합어를 만드시오.

보기 書く ＋ 込む ⇨ 書き込む

❶ 飲む　＋　込む　⇨

❷ 食べる ＋　付ける ⇨

❸ 書く　＋　出す　⇨

❹ 付ける ＋ 加える ⇨

❺ 留める ＋ 置く ⇨

✎3 다음 문장을 일본어로 작문하시오.

❶ 여자 친구에게 차였다고 합니다.

  ➡

❷ 내가 알고 있는 한 맥주 2잔이 한계입니다.

  ➡

❸ 술이 약하지 않습니까?

  ➡

❹ 혹시 그녀는 선생님입니까?

  ➡

❺ 다나카(田中)씨와 스즈키(鈴木)씨는 7년간 사귀었습니다.

  ➡

✎4 다음 문장을 듣고 빈칸을 알맞게 채우시오.

木村　いつも笑顔の山本さんなのに、珍しく(❶　　　　　　　　　　　　　)ね。

何かあったんですか。

金　あ、先日彼女にふられたらしいですよ。

木村　彼女とは(❷　　　　　　　　　　　　　　　　　　)。どうしてですか。

金　彼女に結婚相手ができたらしいです。

木村　本当ですか。ひどいですね。

金　はい、(❸　　　　　　　　　　　　)毎日お酒を飲むらしいです。

木村　山本さんはお酒が弱いんじゃないですか。

金　私が知っている限りでは(❹　　　　　　　　　)が…。

木村　毎日お酒ばかり飲んでは体を(❺　　　　　　　)…。

金　山本さんは彼女と結婚まで考えたから、けっこうショックが大きいと

思います。

木村　もしかして、彼女が(❻　　　　　　　　　)か。

金　よく分かりませんが、7年以上(❼　　　　　　　　　　　)。

木村　そうですか。本当に残念なことですね。

문법사항

Grammar Point 「ようだ」「らしい」의 양태표현 이외의 용법

・「ようだ」
  <비유표현>

「ようだ」는 예를 들어 말하는 비유표현으로 쓰이기도 한다. 비유표현으로 사용되는
「ようだ」는 Na와 같이 활용하여 체언을 수식(ような)하기도 하고 부사적(ように)으로
사용되기도 한다.

アメリカへ行くなんて夢のようです。	미국에 간다니 꿈같습니다.
彼女はまるで死んだように眠り続けました。	그녀는 마치 죽은 듯이 계속 잤습니다.
大学に合格したなんて夢のようなことです。	대학에 합격했다니 꿈 같은 일입니다.

  <예시표현>

예를 나타내는 예시표현에는 다음과 같은 것이 있다. 예시표현으로 사용되는 「ようだ」도
Na와 같이 활용하여 체언을 수식(ような)하기도 하고 부사적(ように)으로 사용되기도
한다.

あなたのような人ははじめて見ました。	당신과 같은 사람은 처음 보았습니다.
私が作ったように作ってください。	내가 만든 것처럼 만들어 주세요.

・「らしい」
  <전문표현>

「らしい」에는 다른 사람의 말을 인용하여 말하는 전문표현이 있다. 이 경우에는 A원형,
V원형, A$_{タ형}$, V$_{タ형}$에 접속한다.

> ニュースで聞いたけど、昨日火事があったらしいですね。
> 뉴스에서 들었는데, 어제 화재가 있었다고 하는군요.

<전형표현>

「らしい」가 명사와 접속하여 전형적인 패턴임을 나타내는 '～답다'의 의미로 사용된다.

田中さんは男らしい。　　　　　　다나카씨는 남자답다.

この頃は寒くて本当に冬らしいですね。 요즘은 추워서 정말로 겨울답네요.

MEMO

🎧 기본회화

山田 金さん、元気がなさそうですね。

金 昨日、友だちと一緒に東京ディズニーランドに行ってきました。朝早く
から夜遅くまで遊びましたので、少し疲れました。

山田 昨日はとてもいい天気でしたね。ディズニーランドは楽しかったですか。

金 はい、乗り物にもたくさん乗って楽しかったです。しかも、涼しくてと
ても動きやすい天気でした。次はディズニーシーに行こうと思います。

山田 そうですか。もうすっかり秋ですからね。昨日は、天気がよかったので
ディズニーランドはけっこう混んだのでしょう。

金　はい、ひとつの乗り物に乗るのに1時間も待たされました。並ぶ時間が
　　けっこう大変だったんです。

山田　そうですか。昨日まではいい天気でしたが、明日からは雨が降るそうで
　　すね。

金　たぶん雨が降ってから寒くなるんでしょう。

山田　ええ、水曜日からはけっこう朝晩寒くなるそうです。

金　風邪を引かないように暖かくしたほうがいいですね。

新しい単語

遊(あそ)ぶ 놀다	疲(つか)れる 피곤하다
天気(てんき) 날씨	乗(の)り物(もの) 탈 것, 놀이기구
しかも 더욱이, 게다가	動(うご)く 움직이다
涼(すず)しい 시원하다	すっかり 완전히, 아주
次(つぎ) 다음	混(こ)む 붐비다
けっこう 꽤, 상당히	並(なら)ぶ 줄을 서다, 늘어서다
待(ま)つ 기다리다	大変(たいへん)だ 엄청나다, 고생하다
時間(じかん) 시간	降(ふ)る 내리다
雨(あめ) 비	朝晩(あさばん) 아침저녁
たぶん 아마	暖(あたた)かい 따뜻하다
風邪(かぜ)を引(ひ)く 감기에 걸리다	

문형연습

1 ~そうだ (양태)

このケーキはおいしそうですね。

もうすぐ雨が降りそうです。

テーブルから本が落ちそうです。

レポートは3時までには終わりそうです。

2 ~そうだ (전문)

田中さんの話では、金さんは明日休みだそうです。

田中さんは今度の夏休みにアメリカへ行くそうです。

あのレストランは安くておいしいそうです。

天気予報によると、この1週間は雨が続くそうです。

3 ~やすい

このカメラは使いやすいです。

このお肉はやわらかくて食べやすいです。

あの本は字が大きくて読みやすいです。

白い服は汚れやすいです。

4 ~てから

金さんはいつもごはんを食べてから音楽を聞きます。

靴を脱いでから入ってください。

お金を入れてからこのボタンを押すと、ジュースが出ます。

この授業では村上春樹の小説を読んでから感想文を書きます。

5 ～ように

風邪を引かないように気をつけます。

日本語の会話が理解できるように、毎日テープを聞いています。

JLPTに合格できるように、毎日勉強しています。

この部屋には入らないようにしてください。

6 ～でしょう

明日は休みでしょう。

田中先生はやさしいでしょう。

この辺は駅から近いので、便利でしょう。

韓国語の発音は難しいでしょう。

新しい単語

落(お)ちる 떨어지다	天気予報(てんきよほう) 일기예보	続(つづ)く 계속되다, 이어지다
やわらかい 부드럽다	汚(よご)れる 더러워지다	脱(ぬ)ぐ 벗다
感想文(かんそうぶん) 감상문	理解(りかい) 이해	辺(へん) 근처
近(ちか)い 가깝다		

문법설명

1 ～やすい

접속형태 : V마스형 ＋ やすい

「～やすい」는 우리말의 '～하기 쉽다' '～하기 편하다'에 해당하는 접미어이다. 「～やすい」는 V마스형에 접속하여 형용사와 같이 활용한다. 「～やすい」와 반대되는 표현으로 Chapter15에서 배운 「～にくい」(～하기 어렵다)가 있다.

例 このお酒は甘くて飲みやすいです。　　이 술은 달아서 마시기 편합니다.
　このお肉はやわらかくて食べやすいです。　이 고기는 부드러워서 먹기 편합니다.
　それは間違いやすい問題です。　　　　그것은 틀리기 쉬운 문제입니다.

2 ～てから

「～てから」는 우리말의 '～하고 나서' '～을 한 후에'라는 말에 해당하는 표현으로 일의 순서를 나타낸다.

例 もう一杯飲んでから帰りませんか。　한잔 더 마시고 나서 돌아가지 않겠습니까?
　食事をしてから歯を磨きます。　　　식사를 한 후에 이를 닦습니다.
　お名前を書いたか確認してからレポートを出してください。

　　　　　　　　　　　　　　　이름을 썼는지 확인한 후에 리포트를 내 주세요

3 ～ように

접속형태 : V원형 ＋ ように / Vナィ형＋ない＋ように

「～ように」는 우리말의 '～하도록'에 해당하는 표현으로 V원형에 접속한다.

例 明日までにレポートを出すようにしてください。

　　　　　　　　　　　　　　　내일까지 리포트를 내도록 해 주세요.
　遠くまで行かないようにしてください。　멀리까지 가지 않도록 해 주세요.

明日パソコンが使えるように準備しておきました。
　　　　　　　　　　　　　　　내일 컴퓨터를 쓸 수 있도록 준비해 두었습니다.
速く走れるように毎日練習します。　　빨리 달릴 수 있도록 매일 연습합니다.

4　～でしょう

접속형태 : N, A원형, Na어간, V원형＋でしょう

「～でしょう」는 크게 두 가지 용법으로 사용된다. 첫째는 '～이지요?'로 해석하며 상대방에게 확인하는 경우에 사용되는데, 이때는 끝을 올려서 발음한다. 두 번째는 '～일 것입니다'라는 뜻으로 추측을 나타내는 경우에 사용된다. 이때는 확인과 달리 끝을 내려서 발음하는 것이 보통이다. 확인과 추측, 어떤 용법으로 사용되든 「～でしょう」는 N, A원형, Na어간, V원형에 접속한다.

확인	明日は雨でしょう。	↗	내일은 비가 오지요?
	韓国語は難しいでしょう。	↗	한국어는 어렵지요?
	この部屋は静かでしょう。	↗	이 방은 조용하지요?
	夏休みには日本へ行くでしょう。	↗	여름 방학에는 일본에 가지요?

추측	明日は雨でしょう。	↘	내일은 비가 올 것입니다.
	韓国語は難しいでしょう。	↘	한국어는 어려울 것입니다.
	その部屋は静かでしょう。	↘	그 방은 조용할 것입니다.
	夏休みには日本へ行くでしょう。	↘	여름 방학에는 일본에 갈 것입니다.

新しい単語

| 間違(まちが)う 틀리다, 잘못되다 | 歯(は) 이 | 磨(みが)く 닦다 |
| 走(はし)る 달리다 | | |

연습문제

1 そうだを 이용하여 보기와 같이 양태표현을 만드시오.

> **보기** 空を見ると、(雨が降る)。　⇨　空を見ると、雨が降りそうです。

❶ まだ食べていませんが、このりんごは(おいしいです)。

　➡

❷ 地図を見ると、この近くにポストは(ありません)。

　➡

❸ まだ落ちていませんが、あの本は机から(落ちます)。

　➡

❹ このカメラはいろいろな機能があって、(便利です)。

　➡

❺ ちょっと見ると、このコンピューターは(いいですね)。

　➡

2 そうだを 이용하여 보기와 같이 전문표현을 만드시오.

> **보기** ニュースによると、明日はあめが(降る)。
> ⇨ニュースによると、明日はあめが降るそうです。

❶ 母の話によると、赤いりんごのほうが(おいしいです)。

　➡

❷ 金さんの話によると、この近くにポストが(ないです)。

➡

❸ 友だちの話によると、あの人の家は駅から近くて(便利です)。

➡

❹ 新聞によると、昨日ソウルで火事が(ありました)。

➡

❺ ラジオを聞きましたが、明日は(晴れます)。

➡

✎3 다음 문장을 일본어로 작문하시오.

❶ 김씨, 힘이 없어 보이는군요.

➡

❷ 시원해서 움직이기 편한 날씨였습니다.

➡

❸ 어제까지는 좋은 날씨였는데, 내일부터는 비가 내린다고 합니다.

➡

❹ 아마도 비가 내리고 나서 추워질 겁니다.

➡

❺ 감기에 걸리지 않게 따뜻하게 하는 편이 좋습니다.

➡

4 다음 문장을 듣고 빈칸을 알맞게 채우시오.

山田　金さん、元気が(❶　　　　　　　　　　　　　)。

金　昨日、友だちと一緒に東京ディズニーランドに(❷

　　　　)。朝早くから夜遅くまで遊びましたので、少し疲れました。

山田　昨日はとてもいい天気でしたね。ディズニーランドは楽しかったです

　　か。

金　はい、乗り物にも(❸　　　　　　　　　　　)楽しかったです。しかも、

　　涼しくてとても動きやすい天気でした。次はディズニーシーに行こう

　　と思います。

山田　そうですか。(❹　　　　　　　　　　)秋ですからね。昨日は、天気がよ

　　かったのでディズニーランドはけっこう(❺　　　　　　　　　　)。

金　はい、ひとつの乗り物に乗るのに1時間も(❻　　　　　　　　　)。

　　並ぶ時間がけっこう大変だったんです。

山田　そうですか。昨日まではいい天気だったのに、明日からは雨が降るそ

　　うですね。

金　たぶん雨が降ってから寒くなるんでしょう。

山田　ええ、水曜日からはけっこう(❼　　　　　　　　　　　)。

金　風邪を引かないように暖かくしたほうがいいですね。

Grammar Point ― そうだ

・양태의 そうだ

확인은 못했지만 외견상 판단해서 그런 성질이나 상태가 추측된다는 것을 나타내는 용법으로 우리말의 '〜할 것 같다' '〜로 보인다'로 해석된다. 접속은 동사의 경우 V마스형, 형용사의 경우는 A어간, Na어간에 접속한다. 단 「いい」와 「ない」에 양태의 「そうだ」가 접속하는 경우에는 각각 「よさそうだ」와 「なさそうだ」가 되는 점에 주의할 필요가 있다.

今日の試合はアメリカのチームが負けそうです。　오늘 시합은 미국 팀이 질 것 같습니다.
この映画はおもしろそうです。　　　　　　　　　이 영화는 재미있을 것 같습니다.
この食堂にはおいしいものがなさそうです。 이 식당에는 맛있는 것이 없을 것 같습니다.

양태의 「そうだ」는 형용사와 같이 활용하므로 다음과 같은 표현을 만들 수도 있다.

子供たちがおもしろそうな顔をしていますね。
　아이들이 재미있는 듯한 얼굴을 하고 있네요.
金さんはうどんをおいしそうに食べています。
　김씨는 우동을 맛있게(맛있는 듯이) 먹고 있습니다.

・전문의 そうだ

다른 곳에서 들은 것을 또 다른 사람에게 전하는 용법으로 우리말의 '〜 라고 한다'로 해석된다. 접속은 N다형, A원형, Na어간, V원형, A쇼형, Na다형, V다형에 접속한다. 다른 곳에서 들은 것을 전하는 표현이기 때문에 들은 곳에 대한 근거(출처)를 나타내는 표현, 예를 들면 '뉴스에 의하면' '일기예보에 의하면'과 같은 표현과 함께 자주 사용된다.

天気予報によると、明日は雪が降るそうです。
　일기예보에 의하면 내일은 눈이 온다고 합니다.
ラジオのニュースによると、今朝インドネシアで津波があったそうです。
　라디오 뉴스에 의하면 오늘 아침 인도네시아에서 츠나미가 있었다고 합니다.
井上さんが今年小学校の先生になったそうです。
　이노우에씨가 올해 초등학교 선생님이 되었다고 합니다.

chapter
25 兄からドイツ語の辞書を
もらいました。

🎧 기본회화

山本 新しい辞書ですね。英語の辞書ですか。

李　 いいえ、ドイツ語の辞書です。兄からもらいました。

山本 私も時々姉から使わないものをもらいます。たとえば、靴とか服とか…。

　　 私が姉にあげる時もあります。この前は私のかばんを姉にあげました。

李　 それでは、今着ている服もお姉さんからもらったものですか。

山本 はい。でも、これは姉が使わないものをくれたのではありません。

　　 今年の誕生日プレゼントで買ってくれたものです。

李　　あ、そうだ。来週の土曜日、山田さんのお誕生日ですが、誕生日プレゼ
　　　ントで何がいいと思いますか。

山本　そうですね。山田さんは切手を集めるのが趣味ですから、切手にするの
　　　はどうですか。

李　　今度、北京オリンピックを記念して、記念切手が発行されるそうです。
　　　その記念切手なら、山田さんも持っていないだろうし、喜ぶと思います
　　　が…。

山本　いいお考えですね。それにしましょう。

新しい単語

辞書(じしょ) 사전	ドイツ語(ご) 독일어
もらう 받다	時々(ときどき) 가끔
使(つか)う 사용하다, 쓰다	たとえば 예를 들면
靴(くつ) 구두	とか ～라든지
服(ふく) 옷	あげる (다른 사람에게)주다
この前(まえ) 요전에, 이전에	着(き)る 입다
誕生日(たんじょうび) 생일	プレゼント 선물
買(か)う 사다	くれる (나에게)주다
趣味(しゅみ) 취미	切手(きって) 우표
集(あつ)める 모으다	今度(こんど) 이번
北京(ぺきん)オリンピック 북경올림픽	記念(きねん) 기념
発行(はっこう) 발행	持(も)つ 가지다
喜(よろこ)ぶ 기뻐하다	考(かんが)え 생각

문형연습

1 もらう

私は友だちにこの本をもらいました。

私は鈴木さんに花をもらいました。

私は姉に英語を教えてもらいます。

金さんは小林さんに仕事を手伝ってもらいました。

2 くれる

友だちが私にこの本をくれました。

鈴木さんが私に花をくれました。

姉は私に英語を教えてくれます。

小林さんが私の仕事を手伝ってくれました。

3 あげる

金さんは田中さんに本をあげました。

鈴木さんは金さんに花をあげました。

スミスさんは鈴木さんに英語を教えてあげます。

小林さんは金さんの仕事を手伝ってあげました。

4 もの

昨日買ったものは何ですか。

あの服は昨日買ったものです。

本は図書館で借りたものです。

私のものはどこにありますか。

5 ～だろう

明日は晴れるだろう。

2月だから、韓国はまだ寒いだろう。

3時にはプサンに着くだろう。

彼はたぶん今日来ないだろう。

6 ～にする

赤ワインと白ワインがありますが、どっちにしますか。

赤ワインのほうにします。

修学旅行は日本と中国などが人気がありますが、どこにしますか。

日本にします。

新しい単語

手伝(てつだ)う 돕다	借(か)りる 빌리다	晴(は)れる 날이 개다, 밝아지다
着(つ)く 도착하다	赤(あか) 빨강	白(しろ) 흰, 백색
どっち 어느 쪽		

문법설명

1 | もの

「もの」는 우리말의 '것, 물건'으로 해석하고 구체적인 사물이나 물건을 지칭하는 경우에 사용하는 표현이다.

例 まだ使えるものは捨てないでください。　아직 사용할 수 있는 것은 버리지 말아 주세요

　このかばんは誕生日プレゼントでもらったものです。

　　　　　　　　　　　　　　　이 가방은 생일선물로 받은 것입니다.

　昨日食べたものはお寿司でした。　어제 먹은 것은 초밥이었습니다.

2 | ～だろう

접속형태 : N, A원형, Na어간, V원형, A夕형, Na夕형, V夕형＋だろう

「～だろう」는 미래의 일과 불확실한 사항에 대해서 가벼운 단정, 추량, 의문을 나타내는 표현으로 '～일 것이다' '～이겠지'라고 해석한다.

例 彼は来月日本に帰るだろう。　그는 다음 달 일본에 돌아갈 것이다.

　あのカメラは高いだろう。　저 카메라는 비싸겠지?

　たぶん図書館は明日休みだろう。　아마 도서관은 내일 휴관일 것이다.

3 | ～にする

「～にする」는 '～으로 하다'라는 뜻으로 선택사항에 대해 결정할 때 사용한다.

例 メイン料理はお魚とお肉がありますが、どっちにしますか。

　　메인요리는 생선과 고기가 있습니다만, 어느 쪽으로 하시겠습니까?

　お肉にします。　　　　　　고기로 하겠습니다.

연습문제

1 보기와 같이 다음 문장을 고치시오.

> **보기** 田中さんは木村さんに花をあげました
> ⇨木村さんは田中さんに花をもらいました

❶ 鈴木さんは彼女に指輪をあげました。

➡ 彼女は

❷ 友だちはスミスさんにCDをもらいました。

➡ スミスさんは

❸ 私は金さんに日本語の本をもらいました。

➡ 金さんは

❹ 鈴木さんは私にお菓子とノートをくれました。

➡ 私は

❺ 私は妹に誕生日プレゼントで靴をあげました。

➡ 妹は

❻ 李さんは私にこのデジカメをくれました。

➡ 私は

❼ 金さんはあなたから何をもらったんですか。

➡ あなたは

❽ お母さんは毎日子供においしい料理を作ってあげます。

➡ 子供は

❾ 兄は私に英語を教えてくれます。

　　➡ 私は

❿ 私は友だちに掃除を手伝ってもらいました。

　　➡ 友だちは

✎**2** 다음 문장을 일본어로 작문하시오.

❶ 저는 가끔 언니에게 쓰지 않는 물건을 받습니다.

　　➡

❷ 이 옷은 언니가 올해 생일 선물로 사준 것입니다.

　　➡

❸ 생일선물을 우표로 하는 것은 어떻습니까?

　　➡

❹ 북경올림픽을 기념해서 기념우표가 발행된다고 합니다.

　　➡

❺ 그것으로 합시다.

　　➡

山本 新しい辞書ですね。英語の辞書ですか。

李　いいえ、ドイツ語の辞書です。兄からもらいました。

山本 私も時々姉から使わないものをもらいます。(❶　　　　　　　　　　　　)、

　　靴とか服とか…。私が姉に(❷　　　　　　　　　　)もあります。

　　この前は私のかばんを姉にあげました。

李　それでは、今着ている服もお姉さんからもらったものですか。

山本 はい。でも、これは姉が使わないものを(❸　　　　　　　　　　　)。

　　今年の誕生日プレゼントで買ってくれたものです。

李　あ、そうだ。来週の土曜日、山田さんのお誕生日ですが、誕生日プ

　　レゼントで(❹　　　　　　　　　　)と思いますか。

山本 そうですね。山田さんは切手を(❺　　　　　　　　　　)から、

　　切手にするのはどうですか。

李　今度、北京オリンピックを記念して、記念切手が発行されるそうで

　　す。その記念切手なら、山田さんも(❻　　　　　　　　　　)し、

　　喜ぶと思いますが…。

山本 いいお考えですね。それにしましょう。

Grammar Point

수수동사(授受動詞)

· 수수동사(授受動詞)

수수동사란 사물을 서로 주고받는 것에 관련된 동사를 말한다.
수수동사의 기본형은 아래와 같다.

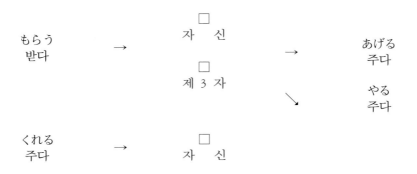

위에서 설명한 것과 같이 수수동사란 어떠한 물건이 A라는 대상에서 B라는 대상으로
이동한 것을 나타낸다. 우리말의 '주다·받다'에 해당한다.

① 「もらう」는 동등한 위치이거나 받는 측이 주는 측보다 높은 위치에 있을 때 사용한다.

松本さん	は	木村さん	に	花	を	もらいました。
松本씨	는	木村씨	에게	꽃	을	받았습니다.
받는 쪽		주는 쪽		대상이 되는 물건		

② 친구나 아랫사람에게 주는 표현은 다음과 같다.

松本さん	は	木村君	に	花	を	あげました。
松本씨	는	木村군	에게	꽃	을	주었습니다.
주는 쪽		받는 쪽		대상이 되는 물건		

「あげる」는 자신과 같은 위치이거나 자신보다 낮은 위치의 인물에게 사용할 수 있다.
또 받는 쪽은 화자 자신이 될 수 없다는 특징이 있다. '주다'라는 의미의 일본어에는
「やる」라는 표현도 있는데, 「やる」는 자신보다 낮은 위치의 대상에게 사용한다. 일반적
으로 '동물'이 대상이 되는 경우는 '먹이를 주다'라는 표현으로 '식물'이 대상이 되는
경우는 '물을 주다'라는 표현으로 사용된다. 동물이나 화초에 물이나 먹이를 주는 표현은
다음과 같다.

松本さん	は	犬	に	えさ	を	やりました。
松本씨	는	개	에게	먹이	를	주었습니다.
주는 쪽		받는 쪽		대상이 되는 물건		

「やる」라는 표현은 가급적 사람에게는 쓰지 않는 것이 좋다. 하지만 최근 일본의 젊은
층에서는 「やる」를 「あげる」와 비슷한 용법으로 쓰는 경우가 있다.

③ 일본어에서 「くれる」는 우리말의 '주다'라는 표현과 같다.

私	は	木村さん	に	花	を	もらいました。
나	는	木村씨	에게	꽃	을	받았습니다.
받는 쪽		주는 쪽		대상이 되는 물건		
				↓		
木村さん	は	(私	に)	花	を	くれました。
木村씨	는	(나	에게)	꽃	을	주었습니다.
주는 쪽		(받는 쪽)		대상이 되는 물건		

「くれる」계열의 '~주다'라는 표현은 수익을 받는 대상이 '자신' 혹은 '자신과 관련 있는 인물'이어야 한다는 조건이 있다. 즉, 받는 대상이 제3자인 경우는 문장이 성립하지 않는다. 따라서 동사가 「くれる」인 경우에는 수혜를 받는 대상이 자주 생략된다.

木村さん	は	松本さん	に	花	を	くれました。	
木村씨	는	松本씨	에게	꽃	을	주었습니다.	×

④ 「もらう」「くれる」「あげる」는 모두 「~てもらう」「~てくれる」「~てあげる」와 같이 사용되어 어떠한 행위에 대한 수혜(受惠)의 '주고 받음'을 나타낸다.

私は小林さんに仕事を手伝ってもらいました。
　나는 고바야시씨에게 일을 도와 받았습니다.
　(= 고바야시씨가 나의 일을 도와 주었습니다.)
小林さんは(私の)仕事を手伝ってくれました。
　고바야시씨는 (나의) 일을 도와 주었습니다.
小林さんは金さんの仕事を手伝ってあげました。
　고바야시씨는 김씨의 일을 도와 주었습니다.
私は小林さんの仕事を手伝ってあげました。
　나는 고바야시씨의 일을 도와 주었습니다.

MEMO

李さんと山本さんが私に記念切手をくださいました。

🎧 기본회화

朴　すごいですね。これが全部お誕生日プレゼントですか。

山田　あ、はい。先輩や友だちからたくさんのプレゼントをいただきました。

朴　何をもらいましたか。

山田　えーと、いろんなものをいただきました。本とお花と香水などをいただき
　　　ました。また、北京オリンピック記念切手もいただきました。

朴　北京オリンピック記念切手もありますか。

山田　はい。李さんと山本さんが私に北京オリンピック記念切手をくださいま
　　　した。この切手は前からほしいと思っていたものです。

朴　やっぱり李さんと山本さんは気がききますね。

山田　お二人は私の趣味を知っていたので、この切手をプレゼントしてくだ
　　　さったと思います。そして、香水は鈴木先輩がくださいました。この前
　　　鈴木先輩といっしょに買い物に行った時、香水がほしいと言ったのを鈴
　　　木先輩が覚えていたようです。

朴　みんな優しいですね。

新しい単語

すごい 대단하다	全部(ぜんぶ) 전부
先輩(せんぱい) 선배	いただく 받다(もらう의 겸사말)
花(はな) 꽃	香水(こうすい) 향수
また 또	くださる 주시다(くれる의 존경어)
この前(まえ) (시간상으로)이전	ほしい 갖고 싶다
やっぱり 역시	気(き)がきく (세세한 곳까지) 신경을 쓰다
知(し)る 알다	買(か)い物(もの) 쇼핑
覚(おぼ)える 기억하다, 외우다	優(やさ)しい 상냥하다

문형연습

1 いただく

田舎のおじさんからくだものをいただきました。

社長に映画のチケットをいただきました。

先生に漢字を教えていただきました。

2 くださる

田舎のおじさんが私にくだものをくださいました。

社長がわたしに映画のチケットをくださいました。

先生は私に漢字を教えてくださいました。

3 さしあげる

私はおじさんにCDをさしあげました。

私たちは先生に映画のチケットをさしあげました。

妹は先生に京都のお土産をさしあげました。

4 ほしい

きれいなスカートがほしいです。

新しいデジカメがほしかったです。

詳しいことはパンフレットを見てほしいです。

すみません、ちょっと手伝ってほしいですが。

1 いただく

「いただく」는 「もらう」의 겸양어로, 손아랫사람이 손윗사람에게 물건 또는 행위를 '받는다'는 의미로 사용한다.

> 例 山本さんは先生に花をいただきました。
> 야마모토씨는 선생님에게 꽃을 받았습니다.
> 私は先生にテニスを教えていただきました。
> 나는 선생님에게 테니스를 가르쳐 받았습니다.
> (＝선생님께서 나에게 테니스를 가르쳐 주셨습니다)

2 くださる

「くださる」는 「くれる」의 존경어이다. 손윗사람이 자신 또는 자신과 관련된 손아랫사람에게 물건이나 행위를 '주시다'의 의미로 사용하는 표현이다. 「くださる」는 Vマス형이 「ください」가 되는 점에 주의해야 한다.

> 例 先生が弟に花をくださいました。
> 선생님이 남동생에게 꽃을 주셨습니다.
> 先生が私にテニスを教えてくださいました。
> 선생님이 나에게 테니스를 가르쳐 주셨습니다.

3 さしあげる

「さしあげる」는 「あげる」의 겸양어이다. 자신 또는 제3자의 손아랫사람이 손윗사람에게 물건을 '드린다'는 의미로 사용하는 표현이다.

> 例 私は先生に花をさしあげました。　　나는 선생님에게 꽃을 드렸습니다.

4 | ほしい

「ほしい」는 화자의 희망을 나타내는 형용사이다. 「ほしい」는 화자가 가지고 싶은 희망의 대상을 「N＋が」로 나타내고 '갖고 싶다'라고 해석한다. 한편 「～てほしい」는 화자의 타자에 대한 희망표현으로 '～했으면 좋겠다'로 해석된다. 화자의 희망표현이기 때문에 '나는'에 해당하는 주어 「私は」는 자주 생략된다.

例 使いやすいカメラがほしいです。
사용하기 쉬운 카메라를 갖고 싶습니다.
すてきな車がほしいです。
멋진 차를 갖고 싶습니다.
李さんには小説を書いてほしいです。
이씨가 소설을 써 주었으면 좋겠습니다.
もう少し雨が降ってほしいです。
조금 더 비가 왔으면 좋겠습니다.

新しい単語

素敵(すてき)だ 멋지다, 근사하다

연습문제

✎**1** 보기와 같이 다음 문장을 고치시오.

> **보기** 田中君は木村先生に花をさしあげました。
> ⇨木村先生は田中君に花をもらいました。

❶ スミスさんは社長からCDをいただきました。

   ➡ 社長は

❷ 私はとなりのおじさんにおいしいケーキをいただきました。

   ➡ となりのおじさんは

❸ 鈴木先生は私にお菓子とノートをくださいました。

   ➡ 私は

❹ 李さんは私にデジカメをくださいました。

   ➡ 私は

❺ 先生は私に漢字を教えてくださいました。

   ➡ 私は

❻ 私はとなりのおばさんに掃除を手伝っていただきました。

   ➡ となりのおばさんが

✎2 보기와 같이 주어진 말을 사용하여 대답하시오.

보기	どんな犬がほしいですか。	⇨	小さくてかわいい犬がほしいです。
			<小さい>　　<かわいい>

❶ どんなテレビがほしいですか。　　　　　　　<大きい>　　<安い>

　➡

❷ どんな恋人がほしいですか。　　　　　　　<優しい>　　<きれいだ>

　➡

❸ どんな携帯電話がほしいですか。　　　　　<便利だ>　　<新しい>

　➡

❹ どんなかばんがほしいですか。　　　　　<使いやすい>　<大きい>

　➡

❺ どんな友だちがほしいですか。　　　　<おもしろい>　<英語が得意だ>

　➡

✎3 다음 문장을 일본어로 작문하시오.

❶ 향수는 선배님이 주셨습니다.

　➡

❷ 이 우표는 전부터 갖고 싶다고 생각했던 것입니다.

　➡

❸ 역시 야마모토씨는 세심하시군요.

　➡

❹ 향수를 갖고 싶다고 말한 것을 기억하고 있었던 것 같습니다.

　➡

❺ 모두 상냥하군요.

　➡

✎4 다음 문장을 듣고 빈칸을 알맞게 채우시오.

朴　（❶　　　　　　　　　　　　　　　）。これが全部お誕生日プレゼントですか。

山田　あ、はい。先輩や友だちからたくさんのプレゼントをいただきました。

朴　何をもらいましたか。

山田　えーと、（❷　　　　　　　　　　　）をいただきました。

　　本とお花と香水などをいただきました。また、北京オリンピック記念

　　切手もいただきました。

朴　北京オリンピック記念切手もありますか。

山田　はい。李さんと山本さんが私に北京オリンピック記念切手をください

　　ました。この切手は（❸　　　　　　　　　）と思っていたものです。

朴　やっぱり李さんと山本さんは気がききますね。

山田　お二人は私の趣味を（❹　　　　　　　　）、この切手をプレゼント

　　してくださったと思います。そして、香水は鈴木先輩がくださいまし

　　た。この前鈴木先輩といっしょに（❺　　　　　　　　　）、香水が

　　ほしいと言ったのを

　　鈴木先輩が（❻　　　　　　　　　　）。

朴　みんな優しいですね。

Grammar Point

관용구(慣用句)

· 관용구(慣用句)

일반적으로 단어는 그 하나하나가 구체적인 의미를 나타내며 그것은 문장 안에서 다른 어(語)와 결합하여 문장 혹은 구를 형성하여 하나의 정리된 의미를 나타낸다. 한편 이 이외에 두 개 이상의 어(語) 혹은 문절(文節)이 결합하여 그것이 전체로 각각의 단어 혹은 문절이 가지고 있던 의미와는 달리 다른 특정의 의미를 나타내는 경우가 있다. 이것을 관용구(慣用句)라고 한다. 예를 들어 「耳が痛い」는 '귀가 아프다'는 뜻이지만, 이것이 관용구로 사용될 때에는 '자기의 약점이 찔려 남이 이야기하는 것이 듣기 괴롭다' 라는 의미를 나타낸다.

이와 같은 관용구는 본래의 의미와는 다른 의미로 쓰이기 때문에 암기할 필요가 있다.

気がきく	(세세한 곳까지)신경을 쓰다. 세심하다.
気が置けない	(조심할 필요 없이)마음을 놓을 수가 있다. 허물없다.
耳が早い	귀가 밝다. 소식 듣는 것이 빠르다.
耳に当たる	귀에 거슬리다.
足がつく	꼬리가 잡히다.
足が出る	적자가 나다.
味を占める	재미를 붙이다.
油を売る	잡담을 하거나 게으름을 피우다.
油をそそぐ	기름을 붓다(어떤 일에 기세를 북돋다).
腹が黒い	엉큼하다.
腹が立つ	화가 나다.

もう1時間も待たされているんです。

🎧 기본회화

山本　あら、李さん。誰かとの待ち合わせですか。

李　　はい、鈴木さんを待っています。

山本　鈴木さんですか。あの人はいつも人を待たせるんですよ。

李　　もう1時間も待たされているんです。ところで、山本さんも待ち合わせ

　　　ですか。

山本　母とここで会うことにしました。ピアノの演奏会に行きます。

李　　ピアノがお好きですか。

山本　はい。でも、最初はあまり好きではありませんでした。私は子供の時、ピアノを習わせられました。習うだけでしたらよかったですが、毎日2時間ずつ練習もさせられたんです。2時間も練習するのが嫌でピアノが嫌いでしたが、私も知らないうちにだんだんピアノが好きになりました。

李　今もピアノをひきますか。

山本　はい、たまにひきます。あ、母が着いたようですね。それでは、お先に失礼します。

李　行っていらっしゃい。

新しい単語

待(ま)ち合(あ)わせ 약속	いつも 언제나
ところで 그런데	会(あ)う 만나다
ピアノ 피아노	演奏会(えんそうかい) 연주회
でも 그래도, 하지만	最初(さいしょ) 최초, 처음
時(とき) 때, 시절, 시기	習(なら)う 배우다
だけ ～뿐, ～만	毎日(まいにち) 매일
練習(れんしゅう) 연습	嫌(いや)だ 싫다, 불쾌하다
嫌(きら)いだ 싫어하다	うちに (～하는) 동안
だんだん 점점	ピアノをひく 피아노를 치다
たまに 가끔	着(つ)く 도착하다
行(い)っていらっしゃい 다녀오세요	

🔖 문형연습

1 ⬛ 사역수동

彼女と食事すると、いつも私がお金を払わされる。

結婚式で友人にスピーチをさせられました。

私は子供に絵本を読ませられました。

母に嫌いなにんじんを食べさせられました。

2 ⬛ うちに

明るいうちに帰りたいです。

私が東京にいるうちにいっしょに食事をしましょう。

冷めないうちに早く食べてください。

気づかないうちに雨が降り出してきた。

3 ⬛ 時

小学生の時、よく川で泳ぎました。

父が帰ってきた時、誰もいませんでした。

眠い時は早く寝たほうがいいです。

お土産は帰る時、買いたいです。

新しい単語

結婚式(けっこんしき) 결혼식	絵本(えほん) 그림책	明(あか)るい 밝다
冷(さ)める 식다	気(き)づかない 모르다	小学生(しょうがくせい) 초등학생
川(かわ) 강	お土産(おみやげ) 선물, 기념품	にんじん 당근

문법설명

1 사역수동

일본어 사역수동표현은 일본어 특유의 표현으로 자기가 한 행위가 자기의 의지와는 상관없이 다른 사람의 강제에 의해서 이루어지는 것을 나타낸다. 따라서 '할 수 없이(어쩔 수 없이) ~하였다'라는 뜻이 항상 내포되어 있다. 5단동사의 경우 V_{ナイ형}에 「せられる」를 접속하며, 1단동사와 변격동사 「来る」의 경우는 V_{ナイ형}에 「させられる」를 접속한다. 한편 변격동사 「する」의 사역수동형은 「させられる」이다(자세한 사항은 문법사항을 참조).

> 例 父に毎日英語のテープを聞かせられます。
> 　　아버지는 매일 영어테이프를 듣게 합니다.
> 　母に嫌いなにんじんを食べさせられました。
> 　　어머니는 싫어하는 당근을 먹게 했습니다.

2 うちに

접속형태 : A_{원형}, V_{원형}, V_{テイル형}＋うちに

「うちに」는 우리말의 '~하고 있는 사이에'라는 뜻으로 A_{원형}, V_{원형}, V_{テイル형}과 접속한다. 「うちに」앞에 부정형이 오면 '~하기 전에'라는 뜻으로 사용된다.

> 例 映画を見ているうちにいつの間にか眠くなりました。
> 　　영화를 보고 있는 사이에 어느새 졸음이 밀려왔습니다.
> 　忘れないうちにメモしておきましょう。
> 　　잊어버리기 전에 메모를 해 둡시다.

3 時

접속형태 : Nの, A_{원형}, V_{원형}＋時

「時(とき)」는 '때, 시절'을 나타내는 표현으로 N＋の, A_{원형}, V_{원형}에 접속한다.

例 ハンバーガーは子供の時よく食べました。

　　햄버거는 아이였을 때에 자주 먹었습니다.

　　忙しい時は食事をする暇もありません。

　　바쁠 때는 식사할 틈도 없습니다.

　　海外に行く時はパスポートとビザが必要です。

　　해외에 갈 때는 여권과 비자가 필요합니다.

新しい単語

忘(わす)れる 잊다	メモ 메모	忙(いそが)しい 바쁘다
暇(ひま) 틈, 겨를	海外(かいがい) 해외	パスポート 여권
ビザ 비자 사증	必要(ひつよう)필요	

✎1 보기와 같이 주어진 동사를 괄호 안에 알맞은 형태로 넣으시오.

> **보기** 母に毎日2時間ずつピアノの練習を(させられ)ました。   ＜する＞

❶ トイレの掃除を(   )ました。   ＜する＞

❷ 苦い風邪薬を(   )ました。   ＜飲む＞

❸ 学校で難しい哲学の本を(   )ました。   ＜読む＞

❹ 先生に反省文を(   )ました。   ＜書く＞

❺ 母に嫌いなにんじんを(   )ました。   ＜食べる＞

❻ 小学生の時、ギターを(   )ました。   ＜習う＞

❼ おじさんの手伝いに(   )ました。   ＜行く＞

❽ 医者にタバコとお酒を(   )ました。   ＜やめる＞

✎2 보기와 같이 괄호 안에 알맞은 말을 넣으시오.

> **보기** 벌써 한 시간이나 기다리고 있습니다.
> もう1時間(も)待たされているんです。

❶ 피아노를 좋아하세요?

     ピアノ(   )お好きですか。

❷ 이것만 알고 있으면 시험은 문제없습니다.

     これ(   )知っていれば、試験は問題ありません。

❸ 식기 전에 빨리 드세요.

　　冷めない(　　　　　)早く食べてください。

❹ 기무라씨는 언제나 사람을 기다리게 해요.

　　木村さんはいつも人を(　　　　　)んです。

✎**3** 다음 문장을 일본어로 작문하시오.

❶ 어머니와 여기에서 만나기로 했습니다.

　　➡

❷ 저는 어렸을 적에 피아노를 배웠습니다.

　　➡

❸ 저도 모르는 사이에 점점 피아노가 좋아졌습니다.

　　➡

❹ 지금도 피아노를 가끔 칩니다.

　　➡

❺ 그럼 먼저 실례하겠습니다.

　　➡

✎4 다음 문장을 듣고 빈칸을 알맞게 채우시오.

山本 あら、李さん。(❶   )待ち合わせですか。

李   はい、鈴木さんを待っています。

山本 鈴木さんですか。あの人はいつも人を(❷   )。

李   もう1時間も待たされているんです。ところで、山本さんも待ち合わせ
     ですか。

山本 母とここで会うことにしました。ピアノの(❸   )に行きます。

李   ピアノがお好きですか。

山本 はい。でも、最初はあまり好きではありませんでした。私は子供の
     時、ピアノを習わせられました。(❹   )よかったですが、
     毎日2時間ずつ練習もさせられたんです。2時間も練習するのが(❺   )
     ピアノが(❻   )が、私も知らないうちにだんだんピアノが
     好きになりました。

李   今もピアノをひきますか。

山本 はい、たまにひきます。あ、母が着いた(❼   )。
     それでは、お先に失礼します。

李   (❽   )。

Grammar Point

사역수동표현(使役受け身表現)

· 사역수동표현(使役受け身表現)

일본어 사역수동표현은 일본어 특유의 표현으로 자기가 한 행위가 자기의 의지와는 상관없이 다른 사람의 강제에 의해서 이루어지는 것을 나타낸다. 따라서 '할 수 없이(어쩔 수 없이) ~하였다 '라는 뜻이 항상 내포되어 있다. 접속 형태를 보면 다음과 같다.

	원형	Vナイ형＋(さ)せられる	사역수동형
5단동사	書く 読む 歌う	書かナイ＋せられる 読まナイ＋せられる 歌わナイ＋せられる	書かせられる 読ませられる 歌わせられる
1단동사	食べる 見る	食べナイ＋させられる 見ナイ＋させられる	食べさせられる 見させられる
변격동사	来る する	来(こ)ナイ＋させられる	こさせられる させられる

한편, 일본어 동사 중 동사 자체로 사역의 의미를 나타내는 어휘가 있는데, 이러한 동사의 경우는 다음 표와 같이 수동형으로 만들면 그대로 사역수동표현이 된다.

歌う	歌わナィ＋せられる	歌わせられる
노래하다		어쩔 수 없이 노래하다
歌わす	歌わさナィ＋れる	歌わされる
노래하게 하다		어쩔 수 없이 노래하다
泣く	泣かナィ＋せられる	泣かせられる
울다		어쩔 수 없이 울다
泣かす	泣かさナィ＋れる	泣かされる
울리다		어쩔 수 없이 울다
待つ	待たナィ＋せられる	待たせられる
기다리다.		어쩔 수 없이 기다리다
待たす	待たさナィ＋れる	待たされる
기다리게 하다		어쩔 수 없이 기다리다
行く	行かナィ＋せられる	行かせられる
가다		어쩔 수 없이 가다
行かす	行かさナィ＋れる	行かされる
가게 하다		어쩔 수 없이 가다

🎧 기본회화

奥様　もしもし、林でございますが。

金　　もしもし、林先生のお宅でしょうか。いつもお世話になっております。

　　　私は林先生のもとでお勉強させていただいております、韓国からの留学

　　　生の金と申しますが、林先生いらっしゃいますか。

奥様　あら、金君お元気ですか。

金　　あ、奥様でございますか。おかげさまで元気でやっております。

奥様　そうですか。あの、主人は今あいにく留守で、20分後には戻ってくると

　　　思いますが・・・。

金　　そうですか。夜遅く申し訳ございませんが、30分後にまたお電話差し上

　　　げてもよろしいでしょうか。

奥様　はい、かまいません。主人に伝えておきます。

金　　はい、わかりました。それでは、30分後にまたご連絡いたしますので、

　　　よろしくお願いします。

奥様　はい、わかりました。

金　　それでは、失礼いたします。

奥様　はい、それでは。

新しい単語

もしもし 여보세요	ございます 있습니다, 입니다
お宅(たく) 댁	いつも 언제나
世話(せわ)になる 신세를 지다	おる いる의 겸양어
もと 아래, 밑, 슬하	申(もう)す 言(い)う의 겸양어
いらっしゃる 오시다, 계시다, 가시다	奥様(おくさま) 남의 부인의 높임말
おかげさま 덕분, 덕택	主人(しゅじん) 가장, 남편
あいにく 공교롭게도, 때마침	留守(るす) 부재, 집을 비움, 빈 집
戻(もど)る 돌아오다	申(もう)し訳(わけ)ない 면목이 없다, 죄송하다
構(かま)う 상관하다, 마음 쓰다	伝(つた)える 전하다, 전달하다
いたす する의 겸양어	失礼(しつれい) 실례

문형연습

1 　존경어

先生は2時間もお待ちになりました。

この本はもう読まれましたか。

いつ日本へいらっしゃいますか。

何を召し上がりますか。

2 　겸양어

かばんは私がお持ちいたします。

私はここでお待ちいたします。

来週、日本へまいります。

お目にかかる日を楽しみに待っております。

3 　〜させていただく

少し疲れましたので、10分ほど休ませていただけませんか。

お先に失礼させていただきます。

この件に関してはもう少し考えさせていただきたいです。

アメリカ出張は私に行かせていただきたいですが…。

4 　〜ておく

7時まで朝ご飯の準備をしておきます。

明日までレポートを書いておきたいです。

これだけは知っておきましょう。

授業の前に知らない単語は全部調べておきます。

新しい単語

待(ま)つ 기다리다	召(め)し上(あ)がる 드시다	お目(め)にかかる 만나 뵙다
出張(しゅっちょう) 출장	全部(ぜんぶ) 전부	

 **문법설명**

1 존경어

상대측 혹은 제3자의 행위·상태 등에 있어 그 인물을 높이는 것을 말한다.

예,「いらっしゃる・おっしゃる」등

존경어를 만드는 방법
① お(ご)＋V마스형＋になる
② Vナイ형 ＋「れる・られる」
③ 존경동사

2 겸양어

자신 혹은 자신 측을 낮추는 것에 의해 상대를 높임으로써 상대방에게 경의를 표현하는 방법이다.

예,「伺う・申し上げる・参る」등

겸양어를 만드는 방법
① お(ご)＋V마스형＋します(いたします)
② させていただく
③ お(ご)＋～申し上げる
④ 겸양동사
(자세한 사항은 문법사항 참조)

3 ～させていただく

「～させていただく(いただきます)」라는 표현은 우리말의 '～하다(하겠습니다)'라고 해석할 수 있으며 자신을 낮추어 이야기하는 표현이다. 이 표현은 「V사역형＋て＋いただく」의 형태로 만들 수 있다.

V원형	V사역형＋て＋いただく	～하겠습니다.
読む	読ませ+て+いただく	読ませていただきます
変更する	変更させ+て+いただく	変更させていただきます

新しい単語

変更(へんこう)する 변경하다

연습문제

✎1 보기와 같이 다음 문장을 고치시오.

> **보기** 先生は今食事をしています。 ⇨ 先生は今食事をなさっています。

❶ 先生は「授業中は静かにしてください」と言いました。

➡

❷ おじさんは明日帰ります。

➡

❸ お客さんは会議室で1時間も待ちました。

➡

❹ 鈴木先生は今どこにいますか。

➡

❺ 冷めないうちに食べてください。

➡

✎2 보기와 같이 다음 문장을 고치시오.

> **보기** 今日5時まで行きます。 ⇨ 今日5時までまいります。

❶ このDVDを見てからすぐ返します。

➡

❷ 先生のお話を静かに聞いています。

➡

❸ 来週の日曜日に小林先生に会います。

➡

❹ 鍵は奥さんに渡しました。

➡

❺ 先生に日本語の本をもらいました。

➡

✎3 다음 문장을 일본어로 작문하시오.

❶ 여보세요, 하야시 선생님 댁입니까?

➡

❷ 네, 하야시입니다.

➡

❸ 한국에서 온 유학생 김이라고 합니다.

➡

❹ 지금 남편은 공교롭게도 부재중입니다.

➡

❺ 30분 후에 다시 전화 드려도 괜찮겠습니까?

➡

金　もしもし、林先生のお宅でしょうか。

奥様　もしもし、林でございますが。

金　いつもお世話になっております。

　　私は林先生のもとで(❶　　　　　　　　　　　　　)おります、韓国からの

　　留学生の金ともうしますが、林先生いらっしゃいますか。

奥様　あら、金君お元気ですか。

金　あ、(❷　　　　　　　　　　)。おかげさまで元気でやっております。

奥様　そうですか。あの、今主人はあいにく留守で、

　　20分後には(❸　　　　　　　　)と思いますが・・・

金　そうですか。夜遅く申し訳ございませんが、30分後にまたお電話差し

　　上げてもよろしいでしょうか。

奥様　はい、かまいません。主人に(❹　　　　　　　　　　)。

金　はい、わかりました。

　　それでは、30分後にまた(❺　　　　　　　　　　　)ので、よろしくお願

　　いします。

奥様　はい、わかりました。

金　それでは、失礼いたします。

奥様　はい、(❻　　　　　　　　)。

Grammar Point

경어표현

· 일본어 경어표현을 학습해야 하는 이유

우리말에 경어표현이 있는 것과 같이 일본어에도 경어표현이 있다. 하지만 일본어의 경어표현은 우리말과는 다른 형태로 나타나기 때문에 주의해야한다.
경어표현을 사용함으로서 상대에 대한 경의를 나타내는 것뿐만 아니라 자신의 품격이 유지되며 상대에게 경의를 가지고 접하고 있다고 느끼게 할 수 있다. 그러나 경어표현을 잘못 사용하면 서비스를 받는 입장의 사람·단체 혹은 주변인물이 불쾌해 할 수 있기 때문에 경어표현은 특히 주의하여 학습할 필요가 있다.

· 일본어 경어의 범위

일본어의 경어는 넓은 의미의 경어와 좁은 의미의 경어로 나눌 수 있는데 넓은 의미의 경어는 대우표현을 말하며 대우표현은 존경표현 이외에 상대를 멸시하거나 가볍게 이야기하는 軽卑表現(경비표현)도 포함한다. 좁은 의미의 경어는 존경표현을 말하는 것이 일반적이다.
일본어의 경어는 「존경어(尊敬語)」「겸양어(謙讓語)」「정중어(丁寧語)」로 나눌 수 있다.

· 존경어(尊敬語)

상대측 혹은 제3자의 행위·상태 등에 있어 그 인물을 높이는 것을 말한다.

예, 「いらっしゃる·おっしゃる」 등

· 겸양어(謙讓語)

자신 혹은 자신 측을 낮추는 것에 의해 상대를 높임으로써 상대방에게 경의를 표현하는 방법이다.

예, 「伺う·申し上げる·参る」 등

· 정중어(丁寧語)

이야기와 문장의 상대에게 공손하고 예의바르게 이야기하는 것을 말한다.

예, 「です・ます」 등

★★이 이외에 사람에 따라 미화어(美化語)를 포함시키는 경우가 있는데 미화어는 사물
을 아름답게 표현할 때 사용하며 「お酒・お水」 등을 말한다.

· 존경어(표현)를 만드는 방법

일본어로 존경어(표현)를 만드는 방법은 아래의 3가지가 있다.

① お(ご)＋Vマス형＋になる

먼저, 고유일본어의 경우 「お」에 「Vマス형」과 「になる」를 접속시켜 존경표현을 만들 수
있다.

기본형	お＋Vマス형＋になる	お＋Vマス형＋になります
書く 쓰다	お＋書きマス＋になる 쓰시다	お書きになります 쓰십니다
話す 이야기하다	お＋話しマス＋になる 이야기하시다	お話しになります 이야기하십니다
待つ 기다리다	お＋待ちマス＋になる 기다리시다	お待ちになります 기다리십니다
飲む 마시다	お＋飲みマス＋になる 마시시다	お飲みになります 마시십니다
借りる 빌리다	お＋借りマス＋になる 빌리시다	お借りになります 빌리십니다

주의할 것!!!

1단 동사 중 1음절 동사(いる・見る・着る)는 「お＋Vマス형＋になる」의 형태가 존재하지
않는다. 또한, 2음절 이상의 동사 역시 존경동사가 존재하는 경우는 일반적으로 「お＋Vマ
ス형＋になる」 형태를 사용하지 않는다.

한자동사의 경우는 「ご＋Vマス형＋になる」의 형태로 존경표현을 만들 수 있다.

② V ナィ형 + 「れる・られる」

「V ナィ형」에 「れる・られる」를 접속시켜 존경표현을 만든다.

「れる・られる」는 동사에 접속하여 「수동・가능・존경・자발」의 뜻을 나타낸다.

「V ナィ형」에 「れる・られる」를 접속할 때 주의해야 할 것은 동사의 종류에 따라 「れる・られる」의 접속이 달라진다는 사실이다.

먼저, 5단동사는 「V ナィ형」에 「れる」를 접속시킨다.

5단동사 기본형	V ナィ형＋れる	V ナィ형＋れる
飲む	飲まナィ＋れる	飲まれる
書く	書かナィ＋れる	書かれる
乗る	乗らナィ＋れる	乗られる
待つ	待たナィ＋れる	待たれる
言う	言わナィ＋れる	言われる

1단동사의 경우는 「V ナィ형」에 「られる」를 접속시킨다.

1단동사 기본형	V ナィ형＋られる	V ナィ형＋られる
起きる	起きナィ＋られる	起きられる
食べる	食べナィ＋られる	食べられる

변격동사의 경우는 아래의 활용표와 같이 변하므로, 암기할 필요가 있다.

변격동사	존경표현
する	される
来る	来(こ)られる

주의할 것!!!

일반적으로 「れる・られる」를 접속하여 경어는 만드는 방법보다 ①의 「お＋V マス형＋になる」와 ③의 존경동사를 이용하는 것이 좀 더 정중한 표현이 된다.

③ 존경동사

①② 이외에 존경을 나타내는 동사가 존재한다. 예를 들어「行く」의 존경동사는「いらっしゃる」이다. 따라서「行く」의 경우는「行かれる」보다는 일반적으로「いらっしゃる」를 이용한다. 이와 같은 존경동사는 특별한 규칙이 없기 때문에 모두 암기해야 할 필요성이 있다. 구체적인 예는 마지막 부분의 경어동사표를 참조하기 바란다.

· 겸양어를 만드는 방법
겸양어를 만드는 방법은 크게 아래의 4가지로 분류할 수 있다.

① お(ご)＋Vマス형＋します(いたします)

ご案内致しましょうか。　　　　　　안내해 드릴까요?

お調べいたします。　　　　　　　　알아보겠습니다.

② お(ご)＋～させていただく

ご説明させていただきます。　　　　　　설명해 드리겠습니다.

ラウンジは8時に終了させていただきます。　라운지는 8시에 종료하겠습니다.

③ お(ご)＋～申し上げる

ご案内申し上げます。　　　　　　안내해 드리겠습니다.

④ 겸양동사

존경동사와 같이 겸양어 역시 겸양동사가 존재한다. 존경동사와 같이 겸양동사도 암기해야 한다. 구체적인 예는 마지막 부분의 경어동사표를 참조하기 바란다.

· 정중어를 만드는 방법
정중어는 존경표현과 겸양표현보다는 간단한 양상을 보인다.

① Vマス형＋ます

일본어 동사를 학습할 때 가장 먼저 학습하는 표현이다. V에「ます」를 접속하여 정중한 표현을 만든다. 이 때 주의해야 할 것은 V에는「ます」를 접속시키고 N과 A, Na에는

「です」를 접속시킨다.

明日、3時に出発いたします。　　　　　　内일 3시에 출발합니다.
このクーポンでコーヒーがお飲みになれます。　이 쿠폰으로 커피를 드실 수 있습니다.

② N＋です

ソウル旅行社です。　　　　　　　　서울여행사입니다.
私の名前は山田智子です。　　　　　저의 이름은 야마다 토모코입니다.

③ Na어간＋です

ここは静かです。　　　　　　　　　이곳은 조용합니다.
松本さんはまじめです。　　　　　　마츠모토씨는 성실합니다.

④ ～でございます。
「～ござる」는 「ある」의 공손한 표현이다. 「ございます」가 「～でございます」의 꼴로
'～입니다' '～합니다'의 의미를 나타낸다. 위 ②와 ③의 「～です」표현보다는 「～でござ
います」를 쓰는 것이 더 공손한 표현이 되기 때문에 서비스현장에서는 「～でございます」
를 사용해야 한다.

ソウル旅行社でございます。　　　　서울여행사입니다.
ここは静かでございます。　　　　　이곳은 조용합니다.

⑤ お(ご)＋명사
명사를 공손하게 이야기할 때에는 명사 앞에 접두사 「お(ご)」를 접속하여 사용한다.
이와 같이 접두사 「お(ご)」를 접속하여 정중하게 표현하는 것을 미화어(美化語)라고
하는데 미화어는 상대에 대한 정중한 의미를 나타내는 것 뿐만이 아니라 자신의 품위를
높이는 의미도 있다. 하지만 미화어를 너무 많이 사용하게 되면 오히려 자신의 품위가
떨어지게 되는 역효과가 발생함으로 주의해야 한다.

· 「お」「ご」를 접속하는 방법

「お」「ご」의 한자는 「御」이다. 「御」는 「お」「ご」「おん」「み」「ぎょ」 등으로 읽힌다. 일반적으로 「お」는 고유일본어에 접속하고, 「ご」는 한자어에 접속하지만 이와 같은 법칙이 절대적인 것은 아니기 때문에 용례별로 외워 둘 필요가 있다.

「お」＋ 고유일본어	お＋酒	→	お酒
	お＋水	→	お水
	お＋米	→	お米
「ご」＋ 한자어	ご＋飯	→	ご飯
	ご＋説明	→	ご気分
	ご＋案内	→	ご案内

경어동사표

존경어	기본형	겸양어/정중어
いらっしゃる おいでになる	行く	参(まい)る 伺(うかが)う
いらっしゃる	来る	参(まい)る
いらっしゃる	いる	おる
召(め)し上(あ)がる	食べる・飲む	いただく
お休みになる	寝る	－
お尋ねになる	尋(たず)ねる	伺(うかが)う
お聞きになる	聞(き)く	伺(うかが)う 承(うけたまわ)る 拝聴(はいちょう)する
おっしゃる	言う	申(もう)す 申(もう)し上(あ)げる
ご覧(らん)になる	見る	拝見(はいけん)する
お召(め)しになる	着る	－
なさる	する	いたす
ご存(ぞん)じだ	知っている	存(ぞん)じておる
くださる	くれる	－
－	あげる	さしあげる
－	もらう	いただく

부록

알기쉽고 재미있는 쏙쏙 일본어 교실 Step2

엽서 앞면	본문 내용
□□□-□□□□　　　　□ □□□-□□□□	謹賀新年 旧年中は格別のご高配をいただき、厚くお礼を申し上げます。 今年も相変わらぬご愛顧のほどお願い申し上げますとともに、ご尊家のご繁栄をお祈り致します。 ○○○○○年元旦

일본의 연하장(年賀状)

일본에서는 복중문안(暑中見舞い)과 연하장(年賀状)을 통해 상대방의 안부를 묻는 것이 일반적이다. 연하장은 단순히 신년의 인사만을 전하는 것 이상의 의미를 가지고 있다. 따라서 일본인과의 관계를 잘 유지해 나가기 위해서는 이와 같은 연하장 문화에 익숙해져야 한다.

일본에 연하장을 보낼 때에는 1월 1일에 받아 볼 수 있도록 하는 것이 예의이다. 따라서 12월 25일 전에 일본에 도착하도록 해야 하는데, 연하장에는 年賀はがき(연하장)이라고 써 놓으면 우체국에서 1월 1일에 연하장을 배달해 준다.

그리고 그 해 상중인 사람에게는 연하장을 보내지 않는 것이 예의이다. 만약 모르고 보냈을 경우는 받은 측에서 사과의 편지가 오는 것이 일반적이다.

일본어로 연하장을 쓰는 방법은 다음과 같다.

謹賀新年	➡ 인사말 賀詞(がし)
旧年中は格別のご高配をいただき、厚くお礼を申し上げます。	➡ 작년의 호의에 관한 인사말
今年も相変わらぬご愛顧のほどお願い申し上げますとともに、ご尊家のご繁栄をお祈り致します。	➡ 올 한 해 잘 부탁드린다는 인사말
○○○○年　元旦	➡ 날짜
本年も宜しくお願い申し上げます。	➡ 일반적으로 일본의 연하장은 위의 구절까지는 인쇄한 것을 사용하는 것이 일반적이나 마지막 한 구절정도의 인사말은 친필로 첨가하는 것이 좋다.

인사말 賀詞(がし)

인사말은 다음의 여러 가지가 있는데 중복하여 쓰는 것을 주의해야 한다.

謹賀新年	きんがしんねん	근하신년
恭賀新年	きょうがしんねん	공하신년
迎春	げいしゅん	영춘
頌春	しょうしゅん	송춘
新年明けましておめでとうございます。 새해 복 많이 받으세요.		

또한 연하장을 보내지 않았는데 상대에게 먼저 연하장을 받은 경우에는 빠른 시일 안에 연하장을 보내야 한다. 그리고 그 때는 다음과 같은 문구로 연하장을 보내는 것이 일반적이다.

연하장을 상대에게 먼저 받았을 때의 연하장 쓰는 방법.

본문 내용
新年明けましておめでとうございます。 お早々と年賀のご挨拶をいただき、誠にありがとうございます。 本年も相変わらぬ厚誼のほど宜しくお願い申し上げます。 ○○○○年1月○日

chapter 15 집에서 공부하고 있습니다.

金	하야시씨 안녕하세요.
林	아아, 김씨. 안녕하세요.
金	지금 무엇을 하고 있습니까?
林	무라카미 하루키의 소설을 읽고 있습니다.
金	그렇습니까? 일본 소설은 한자가 많아서 읽기 힘듭니다만, 무라카미 하루키 소설은 어렵지 않습니까?
林	아니요, 그 정도는 아닙니다.
金	아, 그렇다. 내일 영어 테스트가 있습니다만, 테스트 준비는 벌써 끝났습니까?
林	영어는 매일 조금씩 집에서 공부하고 있기 때문에, 괜찮다고 생각합니다.
金	부럽군요. 저는 지금부터입니다만...
	그런데 다음 주 미술관에 견학하러 갑니다만, 알고 있습니까?
林	아니요, 미술관 견학이요? 언제입니까?
金	9월 2일 금요일입니다. 자세한 견학 스케줄은 게시판에 쓰여져 있습니다.
林	그렇습니까? 확인해 보겠습니다.

chapter 16 박물관 안에서 사진을 찍어도 됩니까?

(박물관 티켓판매소에서)

李	저, 실례합니다. 입장권 2장 주세요. 얼마입니까?
係員	어른은 한 명 350엔이기 때문에, 2장에 700엔입니다.
李	네. 1000엔으로 계산해 주세요.
係員	입장권 2장과 300엔 거스름돈입니다.
李	저, 박물관 안에서 사진을 찍어도 됩니까?
係員	아니요, 관내에서는 사진을 찍어서는 안 됩니다.
	카메라는 입구 앞에 있는 코인 로커에 맡겨 주세요.
	또 알고 계신대로 관내에서는 전시품을 만지지 말아 주세요.
李	알겠습니다. 카메라는 맡기겠습니다. 여기에 놓여있는 팸플릿은 들고 가도 됩니까?
係員	네, 상관없습니다. 가져가세요.

chapter 17 내일 병원에 가려고 생각하고 있습니다.

朴	힘들다.
山本	왜 그러세요?

朴	머리가 아픕니다. 또 콧물도 나옵니다.
山本	감기에 걸린 것은 아닙니까? 열은 나지 않습니까?
朴	조금 전 체온계로 재어봤습니다만, 열은 없었습니다.
山本	약은 먹었습니까?
朴	아니요, 아직 먹지 않았습니다.
山本	병원에 가지 않아도 됩니까?
朴	오늘은 일 때문에 늦어져서, 내일 병원에 가려고 생각하고 있습니다.
山本	그렇군요. 오늘은 빨리 돌아가서 푹 쉬는 편이 좋다고 생각합니다.
朴	죄송합니다. 오늘 함께 식사 할 예정이었는데…
山本	그런 것은 신경 쓰지 마십시오. 식사는 다음에 합시다.
朴	정말 죄송합니다.
山本	몸조리 잘하세요.

chapter **18** 지브리 미술관에 간 적이 있습니다.

鈴木	김씨, 애니메이션은 좋아합니까?
金	네, 굉장히 좋아합니다. 저의 취미는 애니메이션을 보는 것입니다.
鈴木	지금까지 본 애니메이션 중에서 가장 좋았던 것은 무엇입니까?
金	글쎄요. 「이웃집 토토로」라고 하는 애니메이션이 가장 좋았습니다.
鈴木	저도 「이웃집 토토로」를 좋아해서 미야자키 하야오 감독의 팬이 되었습니다.
金	한국인 중에서도 미야자키 감독의 마니아가 많아요.
鈴木	그렇습니까? 미야자키 감독은 세계적으로 유명하니까요. 김씨는 지브리 미술관에 간 적이 있습니까?
金	아니요, 간 적이 없습니다. 스즈키씨는 가보았습니까?
鈴木	네, 작년 봄 방학에 갔다 왔습니다. 애니메이션의 제작과정 등을 볼 수도 있어서 매우 좋았습니다. 또 큰 토토로가 입구 옆에서 티켓을 팔고 있었어요.
金	정말입니까? 꼭 가보고 싶군요.

chapter **19** 도쿄 디즈니랜드에서는 멋진 퍼레이드를 볼 수 있겠지요?

田中	이번 주 일요일 약속이라도 있습니까?
李	아니요, 특별히 아무것도 없습니다.
田中	그럼 같이 도쿄 디즈니랜드에 가지 않겠습니까? 스즈키씨와 하야시씨도 갑니다만….
李	그것 잘 됐군요. 갑시다.
田中	김씨는 어떻습니까?
金	죄송합니다. 토요일이라면 갈 수 있습니다만, 일요일은 아르바이트가 있어서 갈 수 없습니다.
田中	그것 유감이군요. 다른 사람과 바꿀 수는 없습니까?
金	물어 보겠습니다만, 아마도 어려울 것이라 생각합니다. 그런데, 만나는 장소는 어디입니까?

田中	만나는 장소는 신주쿠역 신미나미구치 버스터미널입니다. 8시 10분 버스를 타려고 생각하고 있으니까 시간은 8시로 합시다.
李	네 알겠습니다. 도시락은 제가 만들어 가겠습니다.
田中	아, 도쿄 디즈니랜드에는 도시락을 가지고 들어갈 수 없습니다.
李	그렇습니까? 몰랐어요. 도쿄 디즈니랜드에서는 멋진 퍼레이드를 볼 수 있겠지요? 기대됩니다.

chapter 20 야경을 본다면, 서울타워가 좋습니다.

山本	이번 가족여행으로 한국에 가기로 했습니다.
朴	그렇습니까? 언제 갑니까?
山本	날짜는 아직 정해지지 않았습니다만, 12월쯤이 될 것으로 생각합니다. 한국의 12월은 어떻습니까? 일본보다 춥습니까?
朴	한국은 12월이 되면 추워집니다. 눈이 오는 일도 있고…. 한국에서 어디에 가실 예정입니까? 서울입니까, 부산입니까?
山本	서울입니다. 한국에 가면 전통문화를 체험할 수 있는 곳에 가고 싶습니다. 또 맛있는 음식도 먹고 싶습니다. 특히 불고기와 김치는 먹어보고 싶습니다.
朴	불고기는 맛있지요. 저도 좋아합니다.
山本	그리고 나서 서울의 야경도 보러 가고 싶습니다. 야경으로 유명한 곳을 가르쳐 주세요.
朴	야경을 본다면, 서울타워가 좋습니다. 서울타워는 도쿄타워와 달리 산 위에 있기 때문에 서울의 야경이 예쁘게 보입니다.
山本	그렇습니까? 꼭 가보겠습니다.

chapter 21 지하철에서 발을 밟혔습니다.

鈴木	이씨, 기운이 없네요. 괜찮습니까?
李	아, 네. 오늘은 여러 가지 일이 있어서….
鈴木	어떻게 된 거예요? 무슨 일이 있었습니까?
李	늦잠을 자서 서둘러 집을 나왔습니다만, 지갑을 가지고 오지 않아서 한 번 집에 갔다 왔습니다.
鈴木	저도 가끔 지갑이라든지 집 열쇠를 잊고 두고 오는 일이 있습니다.
李	그것뿐만이 아니에요. 지하철 안에서는 옆 사람에게 발을 밟혔습니다.
鈴木	아프지 않으셨어요?
李	네. 아팠습니다. 또 학교에서는 수업 중에 친구에게 전화가 와서, 하야시 선생님께 혼났습니다.
鈴木	그 문학부 선생님이요? 하야시 선생님뿐만 아니라 문학부 선생님은 모두 엄하시니까요. 정말 힘든 하루였군요.

chapter 22 한국에서는 억지로 술을 마시게 하는 일이 있습니다.

金	다나카씨, 지금 어디에 갑니까?
田中	스피치대회 준비를 하러 학생회관에 갑니다. 다음 주 도쿄에서 한국어 스피치대회가 열립니다. 저와 키무라씨가 학교 대표로 뽑혔습니다.
金	그렇습니까? 축하합니다. 무엇에 대해서 스피치할 예정입니까?
田中	저는 술 문화에 대해서 이야기하려고 생각하고 있습니다.
金	재미있는 주제군요. 어떤 내용입니까?
田中	한국에서는 억지로 술을 마시게 하는 일이 있습니다만, 그것에 대해서입니다. 내용은 재미있다고 생각합니다만, 술 관련 용어가 매우 어려워서 어려움을 겪고 있습니다.
金	보통 사용하지 않는 말이니까요.
田中	네. 그래서 선생님은 저에게 그 용어를 전부 외우게 했습니다.
金	힘들겠네요. 저도 뭔가 돕게 해주세요.
田中	괜찮으시겠어요? 그렇다면 제가 스피치할 문장을 한 번 봐 주지 않겠습니까?
金	좋아요.

chapter 23 항상 웃는 얼굴인 야마모토씨인데, 웬일인지 힘이 없어 보이네요.

木村	항상 웃는 얼굴인 야마모토씨인데 웬일인지 힘이 없어 보이네요. 무슨 일인가 있었습니까?
金	아 요전날 여자 친구에게 차인 듯해요.
木村	여자 친구와는 사이가 좋지 않았습니까? 어째서이죠?
金	여자 친구에게 결혼상대가 생긴 듯합니다.
木村	정말입니까? 너무하네요.
金	예, 그 탓인지 매일 술을 마시는 듯합니다.
木村	야마모토씨는 술이 약하지 않나요?
金	제가 알기로는 맥주 2잔이 한계입니다만….
木村	매일 술만 마셔서는 몸을 망가트릴텐데….
金	야마모토씨는 여자 친구와 결혼까지 생각했기 때문에 꽤 충격이 클 것이라고 생각합니다.
木村	혹시 여자 친구가 첫사랑이었나요?
金	잘 모르겠습니다만 7년 이상 사귀었다고 들었습니다.
木村	그렇습니까? 정말 안 된 일이네요.

chapter 24 내일은 비가 내린다고 합니다.

山田	김씨, 기운이 없어 보이는군요.
金	어제 친구와 함께 도쿄 디즈니랜드에 갔다 왔습니다. 아침 일찍부터 밤늦게까지 놀았기 때문에 조금 지쳤습니다.

山田	어제는 아주 좋은 날씨였었죠? 디즈니랜드는 즐거웠습니까?
金	네, 놀이기구도 많이 타고 즐거웠습니다. 게다가 시원해서 아주 움직이기 좋은 날씨였습니다. 다음은 디즈니시에 가려고 생각합니다.
山田	그렇습니까? 이제 완전히 가을이니요. 어제는 날씨가 좋았기 때문에 디즈니랜드는 상당히 붐볐죠?
金	네, 놀이기구 하나 타는데 1시간이나 기다렸습니다. 줄 서서 기다리는 시간이 상당히 힘들었습니다.
山田	그렇습니까? 어제까지는 좋은 날씨였습니다만, 내일부터는 비가 내린다고 하네요.
金	아마 비가 내리고 나서 추워질 것입니다.
山田	예, 수요일부터는 아침저녁으로 매우 추워진다고 합니다.
金	감기에 걸리지 않도록 따뜻하게 하는 편이 좋겠네요.

chapter 25 형에게 독일어 사전을 받았습니다.

山本	새 사전이군요. 영어 사전입니까?
李	아니요, 독일어 사전입니다. 형에게 받았습니다.
山本	저도 가끔 언니에게 쓰지 않는 물건을 받습니다. 예를 들면, 신발이라든지 옷이라든지…. 제가 언니에게 줄 때도 있습니다. 요전에는 내 가방을 언니에게 주었습니다.
李	그렇다면 지금 입고 있는 옷도 언니에게 받은 것입니까?
山本	네. 하지만 이것은 언니가 쓰지 않는 것을 준 것이 아닙니다. 올해 생일선물로 사 준 것입니다.
李	아, 참. 다음 주 토요일 야마다씨의 생일입니다만, 생일선물로 무엇이 좋다고 생각합니까?
山本	글쎄요. 야마다씨는 우표를 모으는 것이 취미이니까, 우표로 하는 것은 어떻습니까?
李	이번에 북경올림픽을 기념해서 기념우표가 발행되었다고 합니다. 그 기념우표라면 야마다씨도 가지고 있지 않을 것이고, 기뻐할 것이라고 생각합니다만….
山本	좋은 생각이군요. 그것으로 합시다.

chapter 26 이씨와 야마모토씨가 저에게 기념우표를 주셨습니다.

朴	굉장하군요. 이것이 전부 생일선물입니까?
山田	아, 네. 선배와 친구에게 많은 선물을 받았습니다.
朴	무엇을 받았습니까?
山田	음, 여러 가지 물건을 받았습니다. 책과 꽃과 향수 등을 받았습니다. 또 북경올림픽 기념우표도 받았습니다.
朴	북경올림픽 기념우표도 있습니까?
山田	네. 이씨와 야마모토씨가 저에게 북경올림픽 기념우표를 주셨습니다. 이 우표는 전부터 갖고 싶다고 생각했던 것입니다.
朴	역시 이씨와 야마모토씨는 세심하시군요.
山田	두 사람은 저의 취미를 알고 있었기 때문에 이 우표를 선물해 주었다고 생각합니다. 그리고 향수는 스즈키 선배가 주셨습니다. 요전에 스즈키 선배와 함께 쇼핑하러 갔을 때 향수를 갖고 싶다고 말한 것을 스즈키 선배가 기억하고 있었던 것 같습니다.

| 朴 | 모두 상냥하군요. |

chapter 27 벌써 1시간이나 기다리고 있습니다.

山本	어머! 이씨. 누군가와 약속이 있습니까?
李	네. 스즈키씨를 기다리고 있습니다.
山本	스즈키씨요? 그 사람은 항상 사람을 기다리게 해요.
李	벌써 1시간이나 기다리고 있습니다. 그런데 야마모토씨도 누군가와 약속이 있습니까?
山本	어머니와 여기서 만나기로 했습니다. 피아노 연주회에 갑니다.
李	피아노를 좋아합니까?
山本	네. 하지만 처음에는 그다지 좋아하지 않았습니다. 저는 어릴 때 피아노를 배웠습니다. 배우기만 했으면 좋았겠지만 매일 2시간씩 연습도 했습니다. 2시간이나 연습하는 것이 싫어서 피아노가 싫었습니다만, 저도 모르는 사이에 점점 피아노가 좋아지게 되었습니다.
李	지금도 피아노를 칩니까?
山本	네, 가끔씩 칩니다. 아, 어머니가 도착한 것 같군요. 그럼 먼저 실례하겠습니다.
李	다녀오세요.

chapter 28 여보세요, 하야시 선생님 댁입니까?

奧樣	여보세요, 하야시입니다만….
金	여보세요, 하야시선생님 댁입니까? 항상 신세지고 있습니다. 저는 하야시 선생님 밑에서 공부하고 있는 한국에서 온 유학생 김이라고 합니다만, 하야시선생님 계십니까?
奧樣	어머, 김군 잘 지내십니까?
金	아, 사모님이십니까? 덕분에 잘 지내고 있습니다.
奧樣	그렇습니까, 저, 남편은 지금 때마침 집에 없는데, 20분 후에는 돌아올 것 같습니다만….
金	그렇습니까? 밤늦게 죄송합니다만, 30분 후에 다시 전화 드려도 괜찮겠습니까?
奧樣	네, 상관없습니다. 남편에게 말해 두겠습니다.
金	네, 알겠습니다. 그럼 30분 후에 다시 연락드릴테니 잘 부탁드립니다.
奧樣	네, 알겠습니다.
金	그럼 실례하겠습니다.
奧樣	네, 그럼.

chapter 15

1 ① して ② 聞いて ③ 飲んで ④ 読んで ⑤ して
⑥ 食べて ⑦ 待って ⑧ 書いて ⑨ 検索して ⑩ 話して

2 ① 飲み、飲みにくく ② 覚え、難しく ③ さわり、怖く
④ 見、いい ⑤ 親しくなり、優しい

3 ① 日本の小説を読んでいます。
② テストは明日終わります。
③ 日本語は書きにくいです。
④ 見学のスケジュールは掲示板に書いてあります。
⑤ 確認してみます。

4 ① 読んでいます ② 読みにくい ③ 準備 ④ 少しずつ
⑤ だと思います ⑥ 知っています ⑦ 書いてあります

chapter 16

1 ① 読んでも ② 聞いても ③ 吸っ ④ 持っていっ ⑤ 話し
⑥ 飲ん ⑦ 借りても ⑧ しても ⑨ 帰っても ⑩ 付き合っ

2 ① 曲がって ② 開けて ③ 教えて ④ 泣かないで ⑤ 歌って
⑥ 入って ⑦ 触らないで ⑧ 帰って ⑨ 置かないで ⑩ 走って

3 ① 入場券2枚でいくらですか。
② 2000円でお願いします。
③ 図書館でコンピューターを使ってもいいですか。
④ はい、構いません。
⑤ ここで写真を撮ってはいけません。

4 ① いくらですか ② 一人350円ですので
③ 撮ってもいいですか ④ 預けてください
⑤ ご承知のとおり

chapter 17

1 ① 帰ろう ② 聞こう ③ やめよう ④ 習おう ⑤ 行こう

❻ 乗ろう　　❼ 読もう　　❽ しよう　　❾ 飲もう　　❿ 買おう

2 ❶ 本を買ったほうがいいです。本を買うほうがいいです。

❷ 夜遅くなったので早く家に帰ったほうがいいです。夜遅くなったので早く家に帰るほうがいいです。

❸ タバコを吸わないほうがいいです。

❹ 早く電車に乗ったほうがいいです。早く電車に乗るほうがいいです。

❺ 彼女とわかれないほうがいいです。

3 ❶ 風邪を引いたのではありませんか。

❷ 先ほど体温計で計ってみました。

❸ 薬は飲みましたか。

❹ 明日病院へ行こうと思っています。

❺ 食事はまた今度にしましょう。

4 ❶ 鼻水も出ます　　　　　　❷ 風邪を引いた

❸ 計ってみました　　　　　❹ 仕事で遅くなった

❺ 行こうと思っています　　❻ 食事する予定だった

❼ 今度にしましょう　　　　❽ お大事に

chapter 18

1 ❶ 帰ること　　❷ 転勤すること　❸ 4時　　　❹ 習うこと　　❺ 働くこと
❻ 行くこと　　❼ 読むこと　　❽ 演説すること❾ 戻ること　　❿ 発表すること

2 ❶ 私の趣味は歌を歌うことです。

❷ 私の趣味は映画を見ることです。

❸ 私の趣味は写真を撮ることです。

❹ 私の趣味はギターを弾くことです。

❺ 私の趣味は小説を読むことです。

3 ❶ 彼女は性格もよくて、美しいです。

❷ 来月結婚することになりました。

❸ もう夏になりました。

❹ 日本の小説を読んだことがあります。

❺ 入り口でトトロがチケットを売っています。

4 ❶ アニメを見ることです

❷ 一番よかったの

❸ ファンになりました

④ 世界的に有名ですから

⑤ 行ったことがありますか

⑥ 行ってきました

⑦ 売っていました

chapter 19

1 ① 帰れる、帰られる、帰ることができる

 ② 来られる、来ることができる

 ③ 食べられる、食べることができる

 ④ 書ける、書かれる、書くことができる

 ⑤ 話せる、話される、話すことができる

 ⑥ 泳げる、泳がれる、泳ぐことができる

 ⑦ 会える、会われる、会うことができる

 ⑧ 解ける、解かれる、解くとこができる

 ⑨ 戻れる、戻られる、戻ることができる

 ⑩ 歌える、歌われる、歌うことができる

2 ① 飲みに行きませんか。/ 飲みに行きましょう。

 ② 買い物に行きませんか。/ 買い物に行きましょう。

 ③ 本を読みませんか。/ 本を読みましょう。

 ④ レポートを書きませんか。/ レポートを書きましょう。

 ⑤ 勉強しませんか。/ 勉強しましょう。

3 ① すてきなパレードが見られますよね。

 ② 一緒にディズニーランドへ行きませんか。

 ③ 日曜日なら行けます。

 ④ 9時のバスに乗ろうと思っています。

 ⑤ お弁当を持っていくことができません。

4 ① 約束でもありますか

 ② 行きませんか

 ③ 土曜日なら行けますが

 ④ 待合わせの場所

 ⑤ 乗ろうと思います

 ⑥ 作っていきます

 ⑦ 持って入る

8 知りませんでした

9 楽しみです

chapter 20

1 **1** 卒業後、就職するつもりです。

　　2 お正月には国に帰るつもりです。

　　3 卒業したら、進学するつもりです。

　　4 会社はやめるつもりです。

　　5 冬休みには旅行に行くつもりです。

2 **1** 就職したら、引っ越します。

　　2 授業が終わったら、デートに行きます。

　　3 車があったら、ドライブに行きたいです。

　　4 暑かったら、窓を開けてください。

　　5 バイトが終わったら、事務室に来てください。

3 **1** 日本へ行くことにしました。

　　2 9月頃になると思います。

　　3 雨が降ることもあります。

　　4 電話番号を教えてください。

　　5 夜景を見るなら、東京タワーがいいと思います。

4 **1** 行くことにしました　**2** 日にち

　　3 決まっていない　　　**4** 日本より寒いですか

　　5 降ることもあります　**6** 伝統文化

　　7 食べてみたい　　　　**8** 教えてください

　　9 きれいに見えます　　**10** 必ず行ってみます

chapter 21

1 **1** 散歩する / 旅行をする　　**2** 電話 / 郵便　　　**3** うどん / ラーメン

　　4 日本語　　　　　　　　　**5** やめる / 運動をする

2 **1** 私は社長に呼ばれました。

　　2 (カンニングして)私は先生に答案用紙をやぶられました。

　　3 私は彼女に捨てられました。

　　4 私は弟になぐられました。

　　5 私はだれかに押されました。

3 **❶** 朝寝坊をして急いで家を出ました。

❷ 家のカギとかレポートを忘れることがあります。

❸ バスで足を踏まれました。

❹ 授業中に彼女から電話がかかってきました。

❺ 林先生に叱られました。

4 **❶** いろんなことが

❷ 朝寝坊 **❸** ので

❹ 財布とか **❺** 足を踏まれました

❻ かかってきて **❼** 厳しいですから

chapter 22

1 **❶** 息子に歌を歌わせました。

❷ 夫に本を買わせました。

❸ 学生にレポートを書かせました。

❹ 漢字を覚えさせました。

❺ 娘を日本に留学させました。

2 **❶** 運動させました **❷** 習わせました **❸** 働かせました

❹ 書かせました **❺** 起こさせました

3 **❶** 来月、日本でスピーチ大会が開かれます。

❷ 日本文学については金先生に聞いてみてください。

❸ 韓国の文化について話すつもりです。

❹ 先生が漢字を全部覚えさせました。

❺ 子犬はとてもかわいいからね。

4 **❶** しに学生会館に行きます

❷ スピーチするつもりですか

❸ 話そうと思っています

❹ 飲ませることがあります

❺ お酒関連

❻ その用語を全部覚えさせました

❼ 手伝わせてください

chapter 23

1 **❶** あの人は疲れているようです。

❷ どこがで火事があるらしいです。

❸ 誰かいるようです。

❹ 雨が降るらしいです。

❺ あの人たちはけんかをしているらしいです。

2 ❶ 飲み込む　　❷ 食べ付ける　　❸ 書き出す　　❹ 付け加える　　❺ 留め置く

3 ❶ 彼女にふられたらしいです。

❷ 私が知っている限りではビール2杯が限界です。

❸ お酒が弱いんじゃありませんか。

❹ もしかして、彼女は先生ですか。

❺ 田中さんと鈴木さんは7年間付き合いました。

4 ❶ 元気がないようです

❷ 仲がよかったんじゃありませんか

❸ そのせいか

❹ ビール2杯が限界です

❺ 壊してしまうのに

❻ 初恋でした

❼ 付き合ったと聞きました

chapter 24

1 ❶ まだ食べていませんが、このりんごはおいしそうです。

❷ 地図を見ると、この近くにポストはなさそうです。

❸ まだ落ちていませんが、あの本は机から落ちそうです。

❹ このカメラはいろいろな機能があって、便利そうです。

❺ ちょっと見ると、このコンピューターはよさそうですね。

2 ❶ 母の話によると、赤いりんごのほうがおいしいそうです。

❷ 金さんの話によると、この近くにポストがないそうです。

❸ 友だちの話によると、あの人の家は駅から近くて便利だそうです。

❹ 新聞によると、昨日ソウルで火事があったそうです。

❺ ラジオを聞きましたが、明日は晴れるそうです。

3 ❶ 金さん、元気がなさそうですね。

❷ 涼しくて動きやすい天気でした。

❸ 昨日まではいい天気だったのに、明日からは雨が降るそうです。

❹ たぶん雨が降ってから寒くなりそうです。

⑤ 風邪を引かないように暖かくしたほうがいいです。

4 ① なさそうですね

② 行ってきました

③ たくさん乗って

④ もうすっかり

⑤ 混んだのでしょう

⑥ 待たされました

⑦ 朝晩寒くなるそうです

chapter 25

1 ① 彼女は鈴木さんから指輪をもらいました。

② スミスさんは友だちにCDをあげました。

③ 金さんは私に日本語の本をくれました。

④ 私は鈴木さんにお菓子とノートをもらいました。

⑤ 妹は私に誕生日プレゼントで靴をもらいました。

⑥ 私は李さんにこのデジカメをもらいました。

⑦ あなたは金さんに何をあげたんですか。

⑧ 子供はお母さんに毎日おいしい料理を作ってもらいます。

⑨ 私は兄に英語を教えてもらいます。

⑩ 友だちは掃除を手伝ってくれました。

2 ① 私は時々姉から使わないものをもらいます。

② この服は姉が今年の誕生日プレゼントで買ってくれたものです。

③ 誕生日プレゼントを切手にするのはどうですか。

④ 北京オリンピックを記念して、記念切手が発行されるそうです。

⑤ それにしましょう。

3 ① たとえば

② あげる時

③ くれたのではありません

④ 何がいい

⑤ 集めるのが趣味です

⑥ 持っていないだろう

chapter 26

1 ① 社長はスミスさんにCDをあげました。
　② となりのおじさんは私においしいケーキをくださいました。
　③ 私は鈴木先生にお菓子とノートをいただきました。
　④ 私は李さんにデジカメをいただきました。
　⑤ 私は先生に漢字を教えていただきました。
　⑥ となりのおばさんが掃除を手伝ってくださいました。
2 ① 大きくて安いテレビがほしいです。
　② 優しくてきれいな恋人がほしいです。
　③ 便利で新しい携帯電話がほしいです。
　④ 使いやすくて大きいかばんがほしいです。
　⑤ おもしろくて英語が得意な友だちがほしいです。
3 ① 香水は先輩がくださいました。
　② この切手は前からほしいと思っていたものです。
　③ やっぱり山本さんは気がききますね。
　④ 香水がほしいと言ったのを覚えていたようです。
　⑤ みんな優しいですね。
4 ① すごいですね
　② いろんなもの
　③ 前からほしい
　④ 知っていたので
　⑤ 買い物に行った時
　⑥ 覚えていたようです

chapter 27

1 ① させられ　② 飲ませられ　③ 読ませられ　④ 書かせられ
　⑤ 食べさせられ ⑥ 習わせられ　⑦ 行かせられ　⑧ やめさせられ
2 ① が　　　② だけ　　　③ うちに　　④ 待たせる
3 ① 母とここで会うことにしました。
　② 私は子供の時、ピアノを習いました。
　③ 私も知らないうちにだんだんピアノが好きになりました。
　④ 今もピアノをたまにひきます。
　⑤ それでは、お先に失礼します。

4 **❶** 誰かとの

❷ 待たせるんですよ

❸ 演奏会

❹ 習うだけでしたら

❺ 嫌で

❻ 嫌いでした

❼ ようですね

❽ 行っていらっしゃい

chapter **28**

1 **❶** 先生は「授業中は静かにしてください」とおっしゃいました。

❷ おじさんは明日お帰りになります。

❸ お客さんは会議室で1時間もお待ちになりました。

❹ 鈴木先生は今どこにいらっしゃいますか。

❺ 冷めないうちに召し上がってください。

2 **❶** このDVDを見てからすぐお返しいたします。

❷ 先生のお話を静かにうかがっています。

❸ 来週の日曜日に小林先生にお目にかかります。

❹ 鍵は奥さんにお渡しいたしました。

❺ 先生に日本語の本をいただきました。

3 **❶** もしもし、林先生のお宅でしょうか。

❷ はい、林でございます。

❸ 韓国からの留学生の金と申します。

❹ 主人は今あいにく留守でございます。

❺ 30分後にまたお電話差し上げてもよろしいでしょうか。

4 **❶** お勉強させていただいて

❷ 奥様でございますか

❸ 戻ってくる

❹ 伝えておきます

❺ ご連絡いたします

❻ それでは

chapter 15 漢字

村 마을 촌	村	村						
上 윗 상	上	上						
春 봄 춘	春	春						
樹 나무 수	樹	樹						
小 작을 소	小	小						
説 말씀 설	説	説						
読 읽을 독	読	読						
日 날 일	日	日						
本 근본 본	本	本						
漢 한나라 한	漢	漢						
字 글자 자	字	字						
多 많을 다	多	多						
難 어려울 난	難	難						

明 밝을 명	明	明									
英 꽃뿌리 영	英	英									
語 말씀 어	語	語									
準 준할 준	準	準									
備 갖출 비	備	備									
終 마칠 종	終	終									
每 매양 매	每	每									
家 집 가	家	家									
勉 힘쓸 면	勉	勉									
強 강할 강	強	強									
来 올 래	来	来									
週 주일 주	週	週									
美 아름다울 미	美	美									
術 재주 술	術	術									

절취선

館 집관	館	館						
見 볼견	見	見						
学 배울 학	学	学						
知 알지	知	知						
金 쇠금	金	金						
曜 빛날 요	曜	曜						
詳 자세할 양	詳	詳						
揭 걷어올릴 게	揭	揭						
示 볼시	示	示						
板 널판	板	板						
書 글서	書	書						
確 굳을 확	確	確						
認 알인	認	認						

博 넓을 박	博	博							
物 만물 물	物	物							
館 객사 관	館	館							
写 베낄 사	写	写							
真 참 진	真	真							
撮 취할 찰	撮	撮							
売 팔 매	売	売							
場 마당 장	場	場							
入 들 입	入	入							
券 문서 권	券	認							
大 큰 대	大	大							
人 사람 인	人	人							
枚 줄기 매	枚	枚							

願 원할 원	願	願							
口 입 구	口	口							
內 안 내	內	內							
預 미리 예	預	預							
承 받을 승	承	承							
知 알 지	知	知							
通 통할 통	通	通							
展 펼 전	展	展							
品 물건 품	品	品							
觸 닿을 촉	觸	觸							
置 둘 치	置	置							
持 가질 지	持	持							
構 얽을 구	構	構							

頭 머리 두	頭	頭						
痛 아플 통	痛	痛						
鼻 코 비	鼻	鼻						
邪 간사할 사	邪	邪						
引 끌 인	引	引						
熱 더울 열	熱	熱						
先 먼저 선	先	先						
体 몸 체	体	体						
温 따뜻할 온	温	温						
計 셀 계	計	計						
薬 약 약	薬	薬						
飲 마실 음	飲	飲						
病 병 병	病	病						

절
취
선

院 집 원	院	院							
今 이제 금	今	今							
仕 벼슬 사	仕	仕							
事 일 사	事	事							
遲 더딜 지	遲	遲							
思 생각 사	思	思							
早 이를 조	早	早							
歸 돌아갈 귀	歸	歸							
休 쉴 휴	休	休							
緖 실마리 서	緖	緖							
食 먹을 식	食	食							
予 미리 예	予	予							
定 정할 정	定	定							
気 기운 기	気	気							

度	度	度								
법도 도										
当	当	当								
마땅 당										

好 좋을 호	好	好						
私 사사 사	私	私						
趣 뜻 취	趣	趣						
味 맛 미	味	味						
番 차례 번	番	番						
宮 집 궁	宮	宮						
崎 험할 기	崎	崎						
駿 준마 준	駿	駿						
監 볼 감	監	監						
督 감독할 독	督	督						
韓 한나라 한	韓	韓						
国 나라 국	国	国						
世 대 세	世	世						

界 지경 계	界	界					
的 과녁 적	的	的					
有 있을 유	有	有					
名 이름 명	名	名					
美 아름다울 미	美	美					
術 재주 술	術	術					
館 집 관	館	館					
鈴 방울 령	鈴	鈴					
去 갈 거	去	去					
春 봄 춘	春	春					
製 지을 제	製	製					
作 지을 작	作	作					
過 지날 과	過	過					
程 한도 정	程	程					

売 팔 매	売	売										

週 주일 주	週	週					
曜 빛날 요	曜	曜					
約 맺을 약	約	約					
束 묶을 속	束	束					
別 다를 별	別	別					
緒 실마리 서	緒	緒					
殘 남을 잔	殘	殘					
念 생각 념	念	念					
合 합할 합	合	合					
場 마당 장	場	場					
所 바 소	所	所					
待 기다릴 대	待	待					
新 새 신	新	新					

절취선

宿 잘 숙	宿	宿								
駅 역 역	駅	駅								
南 남녘 남	南	南								
乗 탈 승	乗	乗								
分 나눌 분	分	分								
弁 고깔 변	弁	弁								
知 알 지	知	知								
東 동녘 동	東	東								
京 서울 경	京	京								
楽 즐길 락	楽	楽								

家 집 가	家	家									
族 겨레 족	族	族									
旅 나그네 려	旅	旅									
行 다닐 행	行	行									
韓 한나라 한	韓	韓									
頃 잠깐 경	頃	頃									
寒 찰 한	寒	寒									
雪 눈 설	雪	雪									
降 내릴 강	降	降									
夜 밤 야	夜	夜									
景 볕 경	景	景									
教 본받을 교	教	教									
違 어긋날 위	違	違									

山 메 산	山	山								
必 반드시 필	必	必								

李 오얏 리	李	李								
元 으뜸 원	元	元								
気 기운 기	気	気								
丈 어른 장	丈	丈								
夫 지아비 부	夫	夫								
色 빛 색	色	色								
朝 아침 조	朝	朝								
寝 잘 침	寝	寝								
坊 동네 방	坊	坊								
急 급할 급	急	急								
財 재물 재	財	財								
布 베 포	布	布								
回 돌아올 회	回	回								

戻 어그러질 려	戻	戻							
忘 잊을 망	忘	忘							
地 땅 지	地	地							
下 아래 하	下	下							
鉄 쇠 철	鉄	鉄							
隣 이웃 린	隣	隣							
足 발 족	足	足							
踏 밟을 답	踏	踏							
授 줄 수	授	授							
業 업 업	業	業							
友 벗 우	友	友							
達 통달할 달	達	達							
携 이끌 휴	携	携							
帯 띠 대	帯	帯							

電 번개 전	電	電							
話 말씀 화	話	話							
文 글월 문	文	文							
部 떼 부	部	部							
皆 다 개	皆	皆							
厳 엄할 엄	厳	厳							
本 근본 본	本	本							
当 마땅 당	当	当							
変 변할 변	変	変							

田 밭 전	田	田				
会 모일 회	会	会				
来 올 래	来	来				
語 말씀 어	語	語				
開 열 개	開	開				
村 마을 촌	村	村				
代 대신할 대	代	代				
表 겉 표	表	表				
選 가릴 선	選	選				
酒 술 주	酒	酒				
内 안 내	内	内				
容 얼굴 용	容	容				
無 없을 무	無	無				

理 다스릴 리	理	理							
関 관계할 관	関	関							
連 잇닿을 련	連	連							
用 쓸 용	用	用							
困 곤할 곤	困	困							
普 넓을 보	普	普							
段 층계 단	段	段							
使 하여금 사	使	使							
言 말씀 언	言	言							
葉 잎 엽	葉	葉							
全 온전할 전	全	全							
部 떼 부	部	部							
覚 깨달을 각	覚	覚							
伝 전할 전	伝	伝							

章	章	章										
글 장												

절
취
선

笑 웃음 소	笑	笑
顔 낯 안	顔	顔
珍 보배 진	珍	珍
彼 저 피	彼	彼
仲 버금 중	仲	仲
結 맺을 결	結	結
婚 혼인할 혼	婚	婚
相 서로 상	相	相
毎 매양 매	毎	毎
弱 약할 약	弱	弱
限 한할 한	限	限
杯 잔 배	杯	杯
壊 무너질 괴	壊	壊

절취선

恋 그리워할 련	恋	恋								
以 써 이	以	以								
付 줄 부	付	付								
殘 남을 잔	殘	殘								
念 생각 념	念	念								

昨 어제 작	昨	昨							
遊 놀 유	遊	遊							
少 적을 소	少	少							
疲 피곤할 피	疲	疲							
物 물건 물	物	物							
涼 서늘할 량	涼	涼							
動 움직일 동	動	動							
次 버금 차	次	次							
混 섞을 혼	混	混							
並 나란히 병	並	並							
晩 늦을 만	晩	晩							
暖 따뜻할 난	暖	暖							

절취선

辞 말씀 사	辞	辞							
書 글 서	書	書							
英 꽃부리 영	英	英							
兄 형 형	兄	兄							
姉 손윗누이 자	姉	姉							
靴 신 화	靴	靴							
服 옷 복	服	服							
着 붙을 착	着	着							
誕 낳을 탄	誕	誕							
買 살 매	買	買							
切 끊을 절	切	切							
集 모을 집	集	集							
北 북녘 북	北	北							

記 기록할 기	記	記								
發 필 발	發	發								
持 가질 지	持	持								
喜 기쁠 희	喜	喜								
考 생각할 고	考	考								

誕 낳을 탄	誕	誕							
輩 무리 배	輩	輩							
花 꽃 화	花	花							
香 향기 향	香	香							
念 생각 념	念	念							
北 북녘 북	北	北							
京 서울 경	京	京							
前 앞 전	前	前							
趣 달릴 취	趣	趣							
味 맛 미	味	味							
鈴 방울 령	鈴	鈴							
優 넉넉할 우	優	優							

母 어미 모	母	母								
演 펼 연	演	演								
奏 아뢸 주	奏	奏								
最 가장 최	最	最								
供 이바지할 공	供	供								
習 익힐 습	習	習								
練 익힐 련	練	練								
嫌 싫어할 혐	嫌	嫌								
失 잃을 실	失	失								
礼 예도 례	礼	礼								

宅 집 택	宅	宅							
勉 힘쓸 면	勉	勉							
強 굳셀 강	強	強							
頂 정수리 정	頂	頂							
留 머무를 류	留	留							
申 납 신	申	申							
君 임금 군	君	君							
奧 속 오	奧	奧							
樣 모양 양	樣	樣							
陰 그늘 음	陰	陰							
主 주인 주	主	主							
守 지킬 수	守	守							
後 뒤 후	後	後							

訳 통변할 역	訳	訳							
差 어긋날 차	差	差							
宜 마땅할 의	宜	宜							
連 잇닿을 련	連	連							
絡 이을 락	絡	絡							
願 원할 원	願	願							
致 보낼 치	致	致							

저자약력

유 상용(劉 相溶)   조 혜숙(趙 惠淑)

문학박사 일본어학전공   문학박사 일본문학전공

단국대학교 일어일문학과 졸업   단국대학교 일어일문학과 졸업
단국대학교 일어일문학과 대학원 석사   단국대학교 일어일문학과 대학원 석사
專修大学대학원 국문학전공 석사   專修大学대학원 일본어일본문학전공 석사
專修大学대학원 일본어일본문학전공 박사   專修大学대학원 일본어일본문학전공 박사
현재 울산과학대학 관광통역과 조교수   현재 단국대학교 일본연구소 연구원

알기쉽고 재미있는
쏙쏙 일본어 교실 Step2

초판인쇄 2009년 9월 17일   초판발행 2009년 9월 23일

공저 유상용·조혜숙 ┃ 발행 제이앤씨 ┃ 등록 제7-220호 ┃ 책임편집 조성희

132-040
서울시 도봉구 창동 624-1 현대홈시티 102-1206
TEL (02)992-3253 ┃ FAX (02)991-1285
e-mail jncbook@hanmail.net ┃ URL http://www.jncbook.co.kr

ISBN 978-89-5668-741-4 03730   ┃ 정 가 13,000원 (CD포함)